Histoires de tango : Secrets d'une musique

Histoires de tango : Secrets d'une musique

Michael Lavocah

milonga press

Publié en Grande-Bretagne par milonga press

Copyright © Michael Lavocah 2015

Michael Lavocah affirme son droit moral à être identifié comme l'auteur de cette œuvre

Toute représentation ou reproduction intégrale ou partielle faite par quelque procédé que ce soit, sans le consentement de l'auteur ou de ses ayant droit ou ayant cause, est illicite.

Tous droits réservés

Publié d'abord en anglais 2012
Edition française 2015
0 1 2 3 4 5 6 7 8 9

milonga press
33 Britannia Road
Norwich NR1 4HP
England
www.milonga.co.uk

ISBN 978-0-9573276-8-9

Édité par Mike Stocks
Conception de la couverture : Nigel Orme
Traduit de l'anglais par Denis Feinberg
Texte français édité par Hélène Baudez

La música me lleva

(La musique me porte)

- Tete (Pedro Rusconi)

Avant-propos

Voici un livre d'histoires.

Dès les premières notes, j'ai aimé la musique de tango. Petit à petit, j'ai appris à l'écouter et à apprécier à leur juste valeur les musiciens qui l'ont créée.

Au début, il n'y avait pas besoin d'arrangement. La musique était jouée *a la parrilla*, « sur le grill » : deux ou trois musiciens improvisaient chacun sa partie d'une musique qui, si jamais elle était écrite, consistait en une mélodie et une ligne de basse.

Tout en devenant de plus en plus sophistiquée, la musique conserva ce cachet original. Tous les orchestres faisaient appel à des arrangeurs mais ceux-ci écrivaient leurs partitions à l'intention des musiciens qui allaient les exécuter. Plus encore que les arrangeurs, ce sont les musiciens eux-mêmes qui furent les artisans du développement de cette forme musicale.

Par conséquent, si vous entendez se déchaîner le pianiste de Troilo, ce n'est pas n'importe quel pianiste, c'est Orlando Goñi. Cette variation au bandonéon chez Pugliese, c'est l'œuvre de Osvaldo Ruggiero et de personne d'autre, tandis que ce piano agité et imprévisible dans l'orchestre de D'Arienzo, c'est Rodolfo Biagi. Sans oublier le son reconnaissable entre tous de Pugliese lui-même au piano, ou celui de Carlos Di Sarli, ou encore le bandonéon de Troilo. Tous ont imprimé leur marque sur leur musique, ce qui les rend uniques. Il s'agit bel et bien d'art, lorsque vous reconnaissez un musicien après seulement quelques notes.

Ces musiciens sont des personnages avec leur vie et leurs histoires, et les tangos qu'ils ont joués ont eux aussi une histoire. Vous avez donc entre vos mains un livre d'histoires. Ce ne sont pas les miennes ; ce sont les nôtres et je vous les transmets dans l'espoir qu'elles vous aideront à ouvrir grand vos oreilles à cette musique incroyable. Des oreilles jusqu'au cœur et du cœur jusqu'aux pieds.

Beaucoup de ce qu'on appelle 'musique de danse' dans notre monde occidental contemporain n'est plus à proprement parler de la musique à danser : on écrit quantité de musique comme toile de fond pour la danse. En revanche, lorsque nous parlons ici de musique de danse, il s'agit d'une musique qui a évolué en parallèle avec la danse pour laquelle on l'a composée, tels deux brins d'ADN enchevêtrés. De même, nous ne savons plus écouter la musique comme autrefois. Alors, écoutez avec vos corps, écoutez avec vos pieds, écoutez avec votre cœur. Ecoutez avec chaque cellule de votre corps. Ecoutez avec votre esprit.

J'espère que ce livre vous aidera sur ce chemin.

Michael Lavocah

Istanbul, Saint-Sylvestre, 2011

Préface

Imposée par un esclavage brutal du XVIème au XIXème siècle, la migration des Africains vers les Amériques eut une conséquence complètement inattendue : le croisement de la culture musicale d'Amérique et d'Europe avec celle de l'Afrique. Cette hybridation donna naissance aux trois musiques majeures du XXème siècle.

En Amérique du Nord apparurent le blues, le jazz et le swing.

Dans les Caraïbes, ce fut, entre autres rythmes, le *son montuno*, à partir duquel se développa le *mambo* et plus tard la *salsa*.

En Argentine naquit le tango.

Le contexte historique créateur du tango est unique et ne se répétera jamais. Des millions d'Européens, exilés de nombreuses nations, arrivèrent dans un nouveau monde, de l'autre côté du globe. Coupés de leur mère patrie, dépourvus d'une histoire, d'une culture, et même d'un langage communs, ils furent jetés ensemble dans le même creuset. Le tango était né.

Le tango est la musique du monde par excellence.

Guide de lecture

Cher lecteur, si seulement j'avais la chance d'être assis à côté de vous, je pourrais m'exclamer en vous faisant écouter un morceau : « *Là ! Entendez-vous le piano ?* »

Heureusement, à l'âge du numérique, nous avons presque aussi bien. Je vous propose de visiter le site web du livre :

www.tangomusicsecrets.com

Vous y trouverez des liens vers des échantillons musicaux sur un service d'écoute en ligne, Spotify, ainsi que sur Youtube. Chaque chapitre a sa propre liste de lecture. Quand nous parlons d'un morceau qui figure dans la liste, ce symbole apparaît dans la marge.

Ce n'est pas mon choix de la « meilleure » musique, mais une sélection qui vous aide à comprendre la sonorité de chacun des orchestres et les contributions de ses musiciens. Je n'ai pu mettre en ligne tout ce que j'aimerais vous faire écouter et la version en ligne d'un enregistrement donné n'est pas nécessairement la meilleure.

A la fin de chaque chapitre, je vous oriente vers un choix de CD. J'essaie de ne pas vous leurrer avec de la musique qui n'est pas disponible ; il reste en effet beaucoup de musique de tango introuvable, bien que de qualité et jouée par de grands orchestres.

Terminologie :

- Les titres des morceaux apparaissent en caractères gras et en italique, comme ***La Cumparsita***.
- Les titres sont accompagnés des abréviations (m) pour les milongas et (v) pour les valses.
- Les titres des albums sont indiqués dans le texte entre apostrophes, comme 'Epoca de oro'.
- Les mots argentins qui ne vous seraient pas familiers apparaissent en italique, comme : *canyengue*. Je les explique autant que possible ; sinon, vous les trouverez dans le lexique à la fin du livre.

Table des matières

Première partie : Une introduction aux orchestres

1. **Juan D'Arienzo** : le roi du tempo
2. **Aníbal Troilo** et l'avènement du chanteur d'orchestre
3. **Osvaldo Pugliese** : passion, pureté et œillet rouge
4. **Carlos Di Sarli** : dites-le avec des cordes

   Les « quatre grands »: un résumé

Seconde partie : D'autres orchestres de la décennie glorieuse

5. Les nombreuses vies de **Francisco Canaro**
6. **Miguel Caló & Raúl Berón** : comme un cœur qui bat
7. Les deux anges: **Ángel D'Agostino & Ángel Vargas**
8. **Ricardo Tanturi** : voici comment on danse le tango !
9. **Rodolfo Biagi** : *manos brujas* – mains de sorcier
10. **Enrique Rodríguez** : le tango joyeux
11. **Edgardo Donato** : soyez heureux
12. **Elvino Vardaro** : il n'y a jamais eu de meilleur orchestre
13. **Pedro Laurenz** : le héraut de la décennie glorieuse
14. **Roberto Firpo** : le héros oublié
15. **Francisco Lomuto** : bien ancré dans le sol
16. **Osvaldo Fresedo** : suave et précieux
17. **Alfredo De Angelis** et les deux ténors
18. **Lucio Demare** : tango à l'italienne

Troisième partie : Les années folles

19. L'ère des sextuors
20. **Julio De Caro** : le tango est de la musique
21. **OTV** et les orchestres de maisons de disques
22. **Juan Maglio** : le dernier des vétérans

    Les autres orchestres : résumé

Quatrième partie : Les « quatre grands » revisités

23. **Juan D'Arienzo** : après le big bang
24. **Carlos Di Sarli** : l'essor de la mélodie
25. **Osvaldo Pugliese** : peut-être plus que vous ne pensez
26. Le **Troilo** oublié

Cinquième partie : Histoires de tango

27. Je ne sais pas ce que tes yeux m'ont fait
28. L'empereur Hirohito offrit d'envoyer un sous-marin : le tango au Japon
29. Osvaldo Pugliese : ***Al Colón*** !

Postface

Appendices :

A. Anatomie d'un *orquesta típica*
B. Comment écouter la musique de tango

Autres lectures

Index

Glossaire

Première partie

Une introduction aux orchestres

Une introduction aux orchestres

Pour les historiens, l'Age d'Or du tango s'étend sur quarante ans et il atteint son apogée lors de la décennie glorieuse des années 1940. Les orchestres de tango foisonnaient alors à Buenos Aires : on en comptait jusqu'à deux cents. De nos jours, un DJ de tango réussirait à en nommer deux douzaines. Mais quels sont les plus importants ?

Chacun a ses favoris, aussi je vous livre mes « quatre grands » : D'Arienzo, Di Sarli, Troilo, et Pugliese. Ce sont pour moi les orchestres majeurs pour le danseur de tango. Il est non seulement génial de danser sur leur musique mais ces orchestres ont aussi façonné l'histoire du tango.

Vient ensuite un deuxième groupe : des orchestres importants sur le plan musical et dont le succès égale peut-être celui des quatre premiers mais qui ne peuvent accéder à ce cercle très fermé. Ce sont Canaro, Caló, Lomuto, Firpo, Laurenz, D'Agostino, Tanturi, Demare, De Angelis, Fresedo, Biagi, Donato, Rodríguez, De Caro, la Típica Victor…. la liste est longue !

On distingue enfin une troisième catégorie – en aucun cas de troisième ordre. Ces orchestres ont produit de la bonne musique mais ils ont eu peu de succès (Minotto, Petrucelli). Soit ils n'étaient pas assez innovants (Malerba, José Garcia), soit ils l'étaient trop (Salgán, Francini-Pontier) ou, tout simplement, ils apparurent trop tard pour être de véritables orchestres de danse (Gobbi, Varela, Domingo Federico). Enfin, il y a ceux dont personne n'apprécie beaucoup la musique aujourd'hui, comme Sassone et Maderna.

L'orchestre le plus prolifique entre tous est celui de Canaro. Pourquoi ne figure-t-il pas dans mon « top quatre » ? De fait, il ne s'agit pas ici de tracer une ligne de démarcation à un endroit plutôt qu'à un autre – j'aurais pu définir un top cinq – mais plutôt de déterminer quand on la trace. Canaro a été un orchestre majeur avant les années 1940, de ce fait il se trouve malheureusement relégué en seconde division. Si nous nous étions focalisés sur les années 1930, il aurait certainement mérité une place au premier rang.

Dans ce livre, nous n'allons pas passer en revue tous les orchestres, mais uniquement ceux que vous entendrez en bal. Nous commencerons notre approche par les quatre grands, car ils seront notre référence pour appréhender tous les autres. Et par qui commencer, sinon par le Roi du Tempo lui-même, Juan D'Arienzo ?

1 / Juan D'Arienzo : le roi du tempo

Guide d'écoute

ORQUESTA JUAN D'ARIENZO

piano - **Lidio Fasoli**:
1/Hotel Victoria (1935)

piano - **Rodolfo Biagi**:
2/Nueve de julio (1935) 3/Rawson (1936)
4/El choclo (1937) 5/Silueta porteña (m) (1936)
67/Pensalo bien * (1938)

piano - **Juan Polito**:
7/Nada más * (1938) 8/No mientas (1938)

* estribillo: **Alberto Echagüe**

Note : Pendant sa longue carrière, D'Arienzo enregistra plusieurs fois ses meilleurs succès, souvent à des décennies d'intervalle. Ne vous fiez pas uniquement au titre d'un enregistrement donné : vous devez en vérifier l'année, même si elle n'est souvent pas indiquée. A la fin, vous apprendrez à la reconnaître à l'oreille.

Parmi ces titres, **Hotel Victoria**, **9 de julio** et **Nada más** ont été enregistrés trois fois et **El choclo** quatre fois (les versions plus tardives de **Hotel Victoria** portent le nom de **Gran Hotel Victoria**, mais ne vous fiez pas trop aux maisons de disques pour ces précisions).

1   *Le roi du tempo*

Qui est Juan D'Arienzo ? C'est l'homme qui a fait presque à lui tout seul se lever une ville entière, transformant une génération d'amateurs de musique en danseurs de tango. Ce fut une vraie révolution.

D'Arienzo ouvrit la voie aux orchestres de danse qui lui succédèrent dans les années 1940. Il n'est pas exagéré d'affirmer qu'il a préparé le terrain pour l'Age d'Or. D'Arienzo n'inaugure pas cette époque mais sans lui elle est proprement impensable. Le tango que nous connaissons aujourd'hui n'existerait simplement pas et une armée d'aficionados modernes devrait trouver autre chose pour occuper son temps. D'Arienzo a changé l'histoire, non seulement l'histoire musicale mais aussi l'histoire sociale.

La formule de D'Arienzo était simple. Tournant le dos à une décennie d'évolution musicale, il revint au répertoire et d'une certaine façon au style de la *guardia vieja* (vieille garde) en y apportant des arrangements plus modernes et en donnant au tempo un staccato irrésistible. L'intelligentsia fut scandalisée – encore aujourd'hui, les intellectuels du tango dénigrent sa musique – mais le public adora, et il fut aussitôt baptisé *El Rey del Compás* – Le Roi du Tempo.

Cela dit, l'orchestre de D'Arienzo n'est pas né sous sa forme définitive. Il y eut en effet un élément-clé de plus dans l'histoire de D'Arienzo : son pianiste Rodolfo Biagi. D'Arienzo et lui formèrent un duo de rêve. Pourtant Biagi n'était pas le premier pianiste dans l'orchestre de D'Arienzo : **Lidio Fasoli** l'avait précédé. Un bon choix pour s'initier à l'écoute de D'Arienzo est l'enregistrement de 1935 de **Hotel Victoria**, gravé lors de leur toute première session en juillet 1935. Fasoli est au piano et l'orchestre halète dans un puissant marcato 4 x 8 que l'on peut compter ainsi : « 1 et 2 et 3 et 4 et ». Ce tango est doté d'une excellente pulsation (*compás*) mais il ne nous entraîne pas comme le fait d'habitude cet orchestre.

D'Arienzo jouait habituellement au cabaret Chantecler où Biagi, de retour d'une tournée à l'étranger, faisait partie des habitués. Un jour,

Le roi du tempo

Fasoli fut en retard une fois de trop et Biagi se vit offrir la chaise vide. Il ne se fit pas prier.

Comme tout bon chef d'orchestre, D'Arienzo avait des idées très précises sur ce qu'il attendait de ses musiciens. Il fallut un caprice du destin de plus pour que Biagi vienne ajouter sa magie au son de l'orchestre de D'Arienzo.

D'Arienzo lui-même arrivait souvent en retard aux sessions et l'orchestre s'échauffait alors sans lui. Un jour, Biagi se débrida et il joua **9 de julio** à *sa* manière. Le style de Biagi était plus rythmique, voire plus agressif qu'auparavant. Le public s'en enticha et D'Arienzo fut obligé d'adopter ce nouveau style. A partir de là, le succès de l'orchestre et celui du tango même comme art populaire était assuré.

D'Arienzo grava ses premiers titres avec Biagi au piano le dernier jour de 1935. Ce furent la valse **Orillas del plata** et, bien à propos, **9 de julio**. On me demande souvent si c'est Biagi qui joue dans tel ou tel tango. De fait, vous pouvez distinguer le style de Fasoli de celui de Biagi une fois que vous savez quoi écouter. Dans les espaces entre les phrases musicales, Biagi inscrit des interventions très courtes, staccato, au caractère nerveux, qui ajoutent beaucoup d'énergie à la musique. Le jeu de Biagi est certes un peu timide dans **9 de julio**, mais sautez deux ans plus tard pour écouter **El choclo** (1937) et vous entendrez très clairement ses contributions dès la seconde mesure. Elles ponctuent les phrases plutôt qu'elles ne les lient. L'arrangement est franchement staccato : écoutez attentivement les mesures d'ouverture et vous constaterez que ce ne sont pas seulement les bandonéons qui jouent staccato mais aussi les violons.

Dans le **Rawson** de 1936 on note autre chose au niveau du rythme et ceci dès le début du tango : de très franches syncopes (des temps marqués là où on ne les attend pas), qui pour le danseur suggèrent fortement le *corte* ou pas coupé. Ecoutez attentivement et vous réaliserez que ces syncopes viennent toujours en groupe de trois, ce qui aide le danseur à interpréter la musique.

2 x 4 (2 pour 4, ou « dos por cuatro »)

On dit souvent que D'Arienzo revint au rythme 2 x 4, mais que cela signifie-t-il ? Que veut vraiment dire 2 x 4 ?

En notation musicale, le « 2 » signifie qu'il y a deux temps par mesure et le « 4 » que chaque temps correspond à ce que les musiciens appellent une noire. Cela sonne ainsi « 1, 2 ». Dans le tango, pourtant, l'indication 2 x 4 possède un autre sens. Elle se réfère au rythme de la milonga (le même que celui de la *habanera*) qui a formé la base des tout premiers tangos à la fin du XIXème siècle. Dans le rythme de milonga, chacun des deux temps est divisé en deux parties mais le premier ne l'est pas de manière égale. La première note est allongée aux dépens de la seconde, qui arrive plus tard qu'attendu. En voici la notation musicale et en chiffres:

1 2 3 4 **5** 6 **7** 8 – qui s'entend comme: **1** (et) **a 2, et**

La division irrégulière du premier temps, une sorte de syncope, crée une cassure du rythme. C'est amusant mais un peu limité parce que répétitif. L'étape suivante a consisté à simplement diviser les deux temps de manière égale. On obtient alors la 4 x 8 :

1 2 **3** 4 **5** 6 **7** 8 – qui s'entend comme : **1** et **2** et

La cassure de la syncope est absente et le ressenti est plus lisse, encore que l'on puisse ajouter librement autant de syncopes que l'on veut (changeant ainsi l'accent). Cette modification remonte à 1916. Toute la musique était pourtant écrite avec une mesure 2 x 4, ce qui prête à confusion.

De Caro fut à l'origine de l'évolution suivante en 1924. Il utilisa des notes plus longues :

1   2   3   4

Ceci n'implique pas vraiment un changement de mesure mais il est plus simple et plus transparent de signaler cette modification en l'écrivant comme un 4 x 4. Les phrases musicales se font plus longues et plus expressives mais le caractère irrégulier de la syncope a disparu. D'Arienzo ne revient pas réellement au 2 x 4 mais à son frère plus sophistiqué : le 4 x 8. Cette musique était écrite avec une mesure en 2 x 4 et dans le milieu du tango on s'y réfère toujours comme à un 2 x 4.

Les ornements de Biagi sont limpides dans **El choclo** et **Rawson**. A présent, voici un exemple un peu moins évident : l'emblématique **Pensalo bien** (**Réfléchis bien**) (1938), où vous pourrez entendre le même effet mais en un peu plus doux.

Malheureusement, ce titre, enregistré en juin 1938, fut le dernier qu'ils gravèrent ensemble. Que s'était-il passé ? Avec Biagi au piano, D'Arienzo n'avait pas le contrôle total de son orchestre, une situation difficile pour n'importe quel chef. Elle devint critique une nuit lorsque l'orchestre interpréta la valse **Lágrimas y sonrisas**. Ce soir-là, Biagi était flamboyant et le public l'applaudit frénétiquement, ne s'arrêtant qu'après qu'il eut fait une petite révérence depuis son siège. A ce moment, D'Arienzo alla vers lui, se pencha et lui murmura à l'oreille : « Je suis la seule star de cet orchestre. Vous êtes viré ».[1]

D'Arienzo engagea Juan Polito pour occuper la chaise vide mais ils réalisèrent vite que le style de Biagi était plus difficile qu'il n'y paraissait. Comme l'observa D'Arienzo dans une interview donnée en 1975 : « La base de mon orchestre est le piano. Pour moi il est irremplaçable ».

Dans **Nada más**, qui date de sa première session avec Juan Polito, on peut entendre un orchestre en transition. Le jeu de Biagi était imprévisible et plein de fantaisie, tandis qu'il est clair qu'un arrangeur a écrit la partie de Polito. Pourtant, ce dernier compense par la force ce qui lui manque d'invention : il frappe les touches avec énergie et l'orchestre évolue vers un nouveau style basé sur la puissance pure. Des tangos comme **No mientas** de la fin de 1938 sont dotés d'un rythme parmi les plus marqués jamais joués dans un tango. Le *compás* s'est fortement intensifié depuis **Hotel Victoria** de 1935, et le morceau est plein d'allant, même sans Biagi. D'Arienzo maintiendra ce style jusqu'à la fin de 1939, et d'une certaine manière, cette période marque l'apogée de l'orchestre.

---

[1] http://www.tangoandchaos.org/comments_updates_new.htm [Accès : 29 Juin 2012]

1   *Le roi du tempo*

Quelle était la popularité de Juan D'Arienzo ?

D'Arienzo dirigeait sans conteste l'orchestre le plus populaire de l'Age d'Or. C'est lui qui vendait le plus de disques et ses musiciens touchaient les plus gros cachets, plus que chez Troilo, Di Sarli ou Canaro.

RCA Victor ne pouvait suivre la cadence en termes de production. Les disquaires vendaient ses disques au-dessus du prix et parfois, ils refusaient de vous vendre un D'Arienzo à moins que vous n'achetiez un disque d'un autre orchestre.

A une époque où la population de Buenos Aires et de ses alentours s'élevait à moins de 5 millions d'habitants, il vendit plus de 14 millions de disques.

Comment écouter D'Arienzo

Les bandonéons

L'orchestre de D'Arienzo est une machine à rythme, et si l'axe du moteur est le piano, les pièces mobiles – les pistons – sont formées par une ligne de cinq bandonéons et une ligne de cinq violons, un de plus que les quatre habituels. D'Arienzo était célèbre pour sa section de bandonéons, véritable force motrice de son orchestre. Ils maintiennent le *compás* tout du long en jouant très rythmique et en exécutant de fabuleuses *variaciones*, les variations qui sont l'apogée de nombreux arrangements de tango.

Le violon

L'importance des bandonéons dans l'orchestre de D'Arienzo ne signifie pas pour autant que les violons n'y jouent qu'un rôle secondaire. L'ouverture de **9 de julio** nous offre un jeu staccato extraordinairement tranchant aux violons, qui perdure pendant presque tout le morceau. On peut apprécier cet effet dans de nombreux enregistrements de D'Arienzo.

Pour les solos, D'Arienzo recourt à un bon vieux truc de la *guardia vieja* : le premier violon joue doucement un solo très simple sur la quatrième corde. A partir de 1940, ce fut l'instrument de Cayetano Puglisi. On pourrait déplorer qu'un musicien de ce calibre en soit réduit à jouer des phrases aussi sommaires, mais j'aime à penser que Puglisi était heureux de donner du plaisir à des millions de gens alors que sa propre tentative de former un orchestre n'avait pas rencontré le succès commercial escompté.

Le piano

C'est l'axe de l'orchestre, et sa sonorité chez D'Arienzo était définie par Biagi, qui ponctuait les phrases plutôt qu'il ne les liait.

Le chanteur

Le son de D'Arienzo était organisé autour du rythme et non de la mélodie, avec une incidence sur le chanteur. Le rôle qui lui était offert était incontestablement celui d'*estribillista* – un chanteur de refrains – et non celui d'un *cantor de orquesta* – un chanteur d'orchestre, bien que D'Arienzo fût attiré dans cette direction au début des années 1940. C'était d'ailleurs fièrement affiché sur les disques, où l'on pouvait lire : « *Estribillo cantado por…* » – refrain chanté par…

Celui qui a le mieux rempli ce rôle, sans aucun doute, est Alberto Echagüe. Un *porteño* (natif de Buenos Aires) qualifierait son style de « dur à cuire » du mot *canyengue* – un terme intraduisible, mais qui sonne comme « de la rue ». Il était parfait pour D'Arienzo, qui aura bien du mal à le remplacer quand il le perdra en mars 1940 ; mais ceci est une autre histoire.

La mélodie

D'Arienzo ne se focalise pas sur la mélodie mais elle est bien présente. Seulement, au lieu d'une mélodie continue, il la découpe en une série de notes discontinues, comme pour tailler un escalier au flanc d'une montagne. L'exemple suprême est sa version ravageuse de la milonga **Silueta porteña**. Le piano de Biagi bouillonne littéralement en dessous et l'effet est irrésistible.

Que faut-il écouter ?

Depuis la création de l'orchestre en 1935 jusqu'à la fin de 1939 (quand D'Arienzo fut abandonné par tous les membres de son orchestre, y compris le chanteur Alberto Echagüe – voir plus loin), D'Arienzo enregistra 116 titres, sans qu'un seul ne soit médiocre. Vous en trouverez la liste à la fin de ce chapitre et vous devez les écouter *tous* car ils sont absolument excellents ! De façon incompréhensible, ces titres n'ont jamais été gravés à nouveau dans leur totalité ailleurs qu'au Japon, ce qui reflète peut-être le préjugé qui existe toujours en Argentine à l'encontre de D'Arienzo. Aussi devons-nous nous contenter de ce qui est disponible : les deux premiers CD de la série de 15 disques de RCA Victor 'Homenaje en RCA Victor' et 'Sus prímeros éxitos' dans 'Tango Argentino' (il y a deux volumes, le premier étant le meilleur). Il est particulièrement difficile de se procurer les morceaux avec Echagüe : il n'y a que Magenta qui propose un CD et il est régulièrement épuisé.

Trois pianistes se partagent cette période : Lidio Fasoli (10 titres), Rodolfo Biagi (66 titres) et Juan Polito (40 titres). Si Biagi est le plus important du trio, le travail des deux autres ne doit pas être sous-estimé, car ils sont à la hauteur !

Ce qui frappe d'emblée dans cette discographie, c'est le nombre important de milongas et surtout de valses argentines. Comme style de danse, la valse avait fait sensation et déferlé sur le monde à la fin du XIXème siècle, exactement comme le tango le ferait deux décennies plus tard ; grâce à elle, on était sûr d'attirer le public sur la piste. Une telle proportion de valses marque clairement l'orientation populaire de cet orchestre.

La productivité de l'ensemble est remarquable. En 1937 il passera pas moins de treize fois en studio d'enregistrement, gravant deux titres à chaque occasion ; en 1938, quatorze fois. C'était sans aucun doute le plus rentable de tous les orchestres.

Le roi du tempo

Ce succès signifie que D'Arienzo pouvait réenregistrer et produire à nouveau ses titres les plus populaires chaque fois que le son de l'ensemble évoluait. Il grava certains tangos trois ou quatre fois ; dans le cas de **La cumparsita** ce fut sept fois. Par conséquent, on ne peut conclure parce qu'un titre est dans cette liste que la date de l'enregistrement est bien celle notée ci-dessous. Elle pourrait bien être des décennies plus tardive. Nous évoquerons plus loin dans ce livre les époques successives de l'orchestre et vous parviendrez vite à entendre la différence.

Vous verrez aussi qu'au début, les titres sont en majorité instrumentaux mais qu'à la fin ils sont presque exclusivement vocaux. Pourquoi ce changement ? En fait, il intervient dans la seconde moitié de 1938 et cette date s'avèrera décisive par la suite.

La fidélité des transferts est variable. Aucune des matrices n'a survécu et tous les transferts proviennent de 78 tours ou de compilations 33 tours. On remarque parfois une nette réverbération : dans ce cas, il est certain qu'il s'agit d'un transfert depuis un 33 tours. Ajouter de la réverbération masque certaines imperfections du matériau source et c'était une astuce courante dans les années 1970. Sony-BMG a encore utilisé un peu de réverbération en 2005 dans sa série de 15 disques 'Homenaje en RCA Victor'. Pendant des années, les meilleurs transferts sont venus du Japon où des collectionneurs spécialisés ont pris grand soin de préserver la fidélité de la source[2].

---

[2] Pour plus d'explications, voir le chapitre 28.

Les premiers succès de D'Arienzo en CD / mp3

	label	no.	Album	année
CD	TARG	63341	Sus primeros éxitos vol.1 [3]	1998
CD	Magenta	9101	La Morocha canta: Alberto Echagüe [4]	2002
CD	BMG	669330	De pura cepa (1935-1936)	2005
CD	BMG	669331	El esquinazo (1937-1938)	2005
CD	BMG	669333	Meta Fierro – Yunta Brava (1939-1940)	2005
mp3	Magenta		Juan D'Arienzo (1937-1938)	2010

L'album mp3 'Juan D'Arienzo (1937-1938)' de chez Magenta semble être une impression numérique d'un matériau issu de CD plus anciens, mais ce n'est pas le cas. Il y a des transferts vraiment propres, sans réverbération. Je me demande comment ils se les sont procurés.

Pour ceux qui ont le bras long et de gros moyens, il existe au Japon d'excellentes collections. En 1998, Club Tango Argentino a commencé à publier l'intégrale de D'Arienzo sur CD. C'était la meilleure série disponible dans le monde mais ces albums sont malheureusement épuisés. Cependant, en 2010, un nouveau label nommé Audio Park a édité une compilation de 11 CD intitulée 'Epoca de oro' (APCD-65xx). Un DJ digne de ce nom ou un collectionneur ne saurait faire l'économie des volumes 2 et 3 (APCD-6502, -6503).

---

[3] « primeros éxitos » veut dire « premiers succès ». Beaucoup d'albums de ce label ('Tango Argentino', l'étiquette de BMG Argentina) prennent ce titre.

[4] Ici l'album emprunte le nom du tango **La morocha**. Les CD argentins prennent souvent le nom d'un tango. Les guillemets sont en général omis car on est censé savoir qu'il s'agit d'un tango célèbre.

Le roi du tempo

Juan D'Arienzo : discographie 1935-1939

Piano : Lidio Fasoli

#	Date	Titre		Genre
1	02.07.35	Desde el alma		vals
2	02.07.35	Hotel Victoria		
3	12.08.35	Penas de amor		vals
4	12.08.35	Tinta verde		
5	03.10.35	Re, fa, si		
6	03.10.35	Francia		vals
7	18.11.35	De pura cepa		milonga
8	18.11.35	Sábado inglés		
9	12.12.35	Joaquina		
10	12.12.35	Pabellón de las rosas		vals

Piano : Rodolfo Biagi

#	Date	Titre		Genre
11	31.12.35	Orillas del Plata		vals
12	31.12.35	9 de julio		
13	14.01.36	La guitarrita		
14	14.01.36	Silueta porteña	Walter Cabral	milonga
15	31.01.36	Retintín		
16	31.01.36	Sueño florido		vals
17	03.04.36	Un placer	Walter Cabral	vals
18	03.04.36	El flete		
19	08.05.36	Tu olvido	Walter Cabral	vals
20	08.05.36	Lorenzo		
21	09.06.36	Irene	Walter Cabral	vals
22	09.06.36	La payanca		
23	03.07.36	Don Esteban		
23/1	03.07.36	Don Esteban		
24	03.07.36	No llores madre		vals
25	05.08.36	El irresistible		
26	05.08.36	Inolvidable		vals
27	03.09.36	Rawson		
28	03.09.36	Amor y celos		vals
29	29.09.36	Don Juan		
30	29.09.36	Lágrimas y sonrisas		vals
31	27.10.36	Comme il faut		
32	27.10.36	Una lágrima		vals
33	27.11.36	Ataniche		
34	27.11.36	Corazón de artista		vals
35	30.12.36	La viruta		

Le roi du tempo

#	Date	Titre	Interprète	Genre
36	30.12.36	Visión celeste		vals
37	21.01.37	Fachiamo la polquita		polca
38	21.01.37	El baqueano		
39	05.03.37	Qué noche!		
40	05.03.37	Alma dolorida		vals
41	01.04.37	El apronte		
42	01.04.37	Mentías		vals
43	27.04.37	Homero		
44	27.04.37	La puñalada		milonga
45	02.06.37	Amelia		polca
46	02.06.37	El cachafaz		
47	02.07.37	La rosarina		
48	02.07.37	Pasión		vals
49	26.07.37	El choclo		
50	26.07.37	Valsecito criollo		vals
51	31.08.37	Valsecito de antes		vals
52	31.08.37	El porteñito		
53	22.09.37	El caburé		
54	22.09.37	Milonga vieja milonga		milonga
55	29.10.37	Paciencia	Enrique Carbel	
56	29.10.37	Jueves		
57	09.12.37	Gallo ciego		
58	09.12.37	El cencerro		
59	14.12.37	La cumparsita		
60	14.12.37	El africano		
61	21.12.37	La morocha		
62	21.12.37	Melodía porteña		
63	04.01.38	El esquinazo		milonga
64	04.01.38	Indiferencia	Alberto Echagüe	
65	07.01.38	Rodríguez Peña		
66	07.01.38	Unión Cívica		
67	23.03.38	La mariposa		
68	23.03.38	El triunfo		
69	12.04.38	El horizonte		
70	12.04.38	El aeroplano		vals
71	06.05.38	Milonga del corazón	Alberto Echagüe	milonga
72	06.05.38	El cisne		
73	08.06.38	La catrera		
74	08.06.38	El temblor	Alberto Echagüe	milonga
75	22.06.38	Champagne tango		
76	22.06.38	Pensalo bien	Alberto Echagüe	

Le numéro avec barre (23/1) indique une autre prise. Parmi beaucoup d'autres, c'est la seule dont nous savons qu'elle a été éditée.

Le roi du tempo 1

Piano : Juan Polito

77	08.07.38	El internado		
78	08.07.38	Nada más	Alberto Echagüe	
79	05.08.38	Florida		
80	05.08.38	Estampa de varón	Alberto Echagüe	milonga
81	26.08.38	Lelia		
82	26.08.38	La bruja	Alberto Echagüe	
83	30.09.38	En tu corazón	Alberto Echagüe	vals
84	30.09.38	Lunes		
85	03.11.38	De mi flor		
86	03.11.38	Cabeza de novia	Alberto Echagüe	vals
87	09.11.38	Milonga querida	Alberto Echagüe	milonga
88	09.11.38	Ansiedad	Alberto Echagüe	
89	28.12.38	No mientas	Alberto Echagüe	
90	28.12.38	El pollito		
91	04.01.39	Pico blanco		
92	04.01.39	Yunta brava		
93	03.03.39	Meta fierro	Alberto Echagüe	milonga
94	03.03.39	Dos guitas	Alberto Echagüe	
95	18.04.39	Maipo		
96	18.04.39	No me lo digas		
97	04.05.39	El Marne		
98	04.05.39	Recuerdos de la pampa	Alberto Echagüe	vals
99	30.05.39	Charamusca		
100	30.05.39	Olvídame	Alberto Echagüe	
101	17.07.39	Derecho viejo		
102	17.07.39	Milonga del recuerdo	Alberto Echagüe	milonga
103	09.08.39	Mandria	Alberto Echagüe	
104	09.08.39	Castigo	Alberto Echagüe	vals
105	01.09.39	Felicia		
106	01.09.39	El vino triste	Alberto Echagüe	
107	27.09.39	De antaño	Alberto Echagüe	milonga
108	27.09.39	Santa milonguita	Alberto Echagüe	
109	27.09.39	Don Pacifico		
110	27.09.39	Qué importa!	Alberto Echagüe	
111	31.10.39	La cicatríz	Alberto Echagüe	milonga
112	31.10.39	Pampa		
113	14.11.39	Qué Dios te ayude	Alberto Echagüe	
114	14.11.39	Ay Aurora	Alberto Echagüe	vals
115	22.12.39	Por qué razón?		
116	22.12.39	Trago amargo	Alberto Echagüe	

2/ Aníbal Troilo &
l'avènement du chanteur d'orchestre

Guide d'écoute

ORQUESTA ANÍBAL TROILO

1/ Toda mi vida (1941)
(canta: Francisco Fiorentino)

2/ Milongueando en el '40 (1941)

3/ C.T.V. (1942)

4/ Comme il faut (1938)

L'orchestre qui offre le plus de contraste avec l'ensemble de Juan D'Arienzo est celui d'Aníbal Troilo. Non pas que Troilo fût plus porté sur la mélodie que D'Arienzo – elle importait à tous les musiciens ! Ce que Troilo a fait plus que quiconque – et en ce sens il ouvrit la voie – a été de confier la mélodie au chanteur. Celui-ci n'était pas un soliste produisant un chant, mais au contraire un instrument de l'orchestre et même son instrument le plus expressif.

De nombreux chanteurs solistes s'illustraient déjà dans les années 1930. Le plus célèbre était Carlos Gardel, l'un des meilleurs, non seulement de la musique de tango du début du XXème siècle mais de toutes les musiques confondues et de tous les temps. Néanmoins, Gardel ne chanta jamais pour les danseurs. Tous ses enregistrements, à l'exception d'un petit nombre, furent réalisés avec un accompagnement de guitare. Son but était de transmettre le texte chanté, ce qu'il faisait à merveille ; mais personne n'imaginait que cela fût possible avec des orchestres de danse. Ceux-ci jouaient d'habitude des morceaux instrumentaux. Ou alors, s'ils intégraient un chanteur, celui-ci interprétait seulement une partie des paroles. C'est exactement la formule que D'Arienzo choisit à ses débuts.

Pourtant, certains pensaient autrement. Danser, ou bien chanter ? Faisons les deux !

L'homme qui fit de cette idée une réalité s'appelle Aníbal Troilo. Il forgea une nouvelle relation entre l'orchestre et le vocaliste qui n'était plus un *estribillista* – un chanteur de refrain – mais le *cantor de orquesta* – le chanteur d'orchestre. Cette audace planta le décor de la décennie glorieuse des années 1940 qui marque l'apogée de l'Age d'Or.

Ceci ne veut pas dire que Troilo fut le premier à incorporer un chanteur dans son orchestre. Entre 1935 et 1938, Canaro s'accompagnait de Roberto Maida, quand Roberto Ray chantait déjà pour Fresedo depuis le début des années 1930. Ne sont-ils pas aussi des chanteurs d'orchestre ?

En fait, non, du moins pas avant 1938. Il est temps d'écouter un peu de musique et, par la même occasion, de découvrir la structure d'un tango chanté des années 1940. On dit couramment qu'un tango classique dure trois minutes, ce qui représente environ cinq ou six tranches de 30-40 secondes (8 mesures musicales) chacune. Ceci implique d'habitude un couplet (A) et un refrain (B), et un tango chanté s'organise de la façon suivante :

1	0'00" – 0'30"	couplet	instrumental
2	0'30" – 1'00"	refrain	instrumental
3	1'00" – 1'30"	1er couplet	Fiorentino
4	1'30" – 2'00"	refrain	Fiorentino
(5)	2'00" – 2'30"	2ème couplet	solo
(6)	2'30" – 3'00"	refrain	surprise !

Plan d'un tango par Troilo & Fiorentino
le nombre de sections n'est pas fixé, mais les quatre premières sont toujours les mêmes

Ce que nous venons de constater est une fantastique nouvelle pour le danseur : cela signifie que n'importe quel tango vocal possède un schéma directeur. Les quatre premières sections seront toujours les mêmes : l'orchestre introduit la musique grâce à un couplet instrumental et un refrain. Ensuite, environ une minute plus tard, le chanteur fait son entrée pour interpréter un couplet et un refrain. La nouveauté est là : l'*estribillista* du début des années 1930 n'aurait pas chanté le couplet (que nous appelons premier couplet car il est le premier du texte écrit). Il aurait attendu le refrain suivant (section 4 de notre tableau), d'où son nom (*estribillista* signifie un chanteur de refrain). On peut constater cette évolution dans les enregistrements de 1938, d'abord de Canaro (avec Roberto Maida) et plus tard de Fresedo (avec Roberto Ray).

Pour résumer, nous entendons un couplet et un refrain instrumentaux, puis un couplet et un refrain chantés. A ce stade, nous ne savons pas s'il va y avoir cinq ou six sections, si l'orchestre va jouer le second couplet ou bien couper court pour le refrain final. Et nous ne savons pas non plus si le chanteur va revenir ; mais nous sommes avertis.

Tout d'abord, nous avons appris que le second couplet n'est jamais chanté. C'est vrai ! *Le second couplet n'est jamais chanté.* Il en découle que si le chanteur revient, c'est pour le refrain final et donc nous sommes à la fin du tango. Cette dernière incursion du chanteur prend la place de la *variación* comme apogée du morceau. Ecoutez n'importe lequel des thèmes classiques de 1941 avec Fiorentino comme chanteur et vous vérifierez que ce plan est parfaitement suivi.

Commençons avec **Toda mi vida**, dont Troilo lui-même écrivit la musique. On entend Fiorentino faire son entrée après une minute et chanter la mélodie que l'orchestre a introduite auparavant. Fiorentino est l'emblème du chanteur d'orchestre. Dans un contexte de haut niveau, il est de nos jours considéré comme le meilleur chanteur d'orchestre de tous les temps. Bien qu'il ait laissé Troilo tracer ensuite seul sa voie, il est tellement identifié avec celui-ci qu'il est courant de prononcer leurs noms d'un seul trait : Troilo-Fiorentino. Il en va de même avec les grands partenariats des années 1940 comme Pugliese-Chanel, Tanturi-Castillo, Di Sarli-Rufino et beaucoup d'autres encore.

La sonorité de Troilo

Le son de l'orchestre de Troilo, souvent qualifié de « brillant » (au sens propre) se caractérise par des arrangements raffinés, qui alternent rapidement les sections staccato (détachées) et legato (liées). Bien que le tango soit né dans la rue, le niveau des musiciens est à présent très élevé et comparable à celui des membres d'un orchestre symphonique.

Le piano

De nouveau, l'homme-clé de l'orchestre sera le pianiste, en l'occurrence **Orlando Goñi**. Il développa un style de jeu totalement nouveau qui est connu sous le nom de *marcación bordoneada*. Marcación veut dire garder la *marca*, c'est-à-dire le tempo, tandis que *bordoneada* se réfère aux notes graves. *Marcación bordoneada* signifie que la ligne de basse est ornée sans que le tempo ne se perde, ce qui donne au style de Goñi une fluidité et une élasticité merveilleuses. Ecoutez le morceau instrumental *C.T.V.* et appréciez le tour de force pianistique !

En terme d'importance, Goñi est à Troilo ce que Biagi est à D'Arienzo, peut-être davantage. Avec un tel niveau musical, Goñi ne jouait jamais à partir d'arrangements. Ses improvisations spontanées s'avéraient toujours meilleures que tout ce qu'un arrangeur aurait pu écrire. C'était une aubaine pour Troilo que de disposer d'un tel talent mais avec l'inconvénient d'être unique. Ses remplaçants, comme ceux de Biagi, tenteront bien de copier son style mais en vain. Quand Goñi quitta l'orchestre en septembre 1943, la qualité musicale chuta dramatiquement. Si le départ de Goñi est une grosse perte pour nous, pour lui ce fut encore plus tragique : Goñi n'avait pas le sens des affaires et il n'était pas capable de conduire un orchestre. Il sombra dans l'alcoolisme et mourut deux ans plus tard. Aucun pianiste ne l'a égalé depuis.[5]

Les violons

Les violons ne s'illustrent pas beaucoup chez Troilo et s'ils jouent en solo, c'est pour une courte durée. Pourtant, les musiciens sont remarquables. Ecoutez par exemple la qualité de l'ouverture de *Pájaro ciego* ou le duo de violons dans *Guapeando*.

Le bandonéon

En termes d'expressivité, Troilo est considéré comme le meilleur bandonéoniste de tous les temps. Pourtant, malgré tout ce qui a été dit sur les qualités musicales de l'orchestre, les bandonéons ne se démarquent pas vraiment. Les solos de Troilo sont modestes et contenus, tout comme ce que l'on pourrait dire du jeu de piano de Don Osvaldo Pugliese.

---

[5] Pour en savoir plus sur les qualités particulières de Goñi, Troilo et du bassiste Kicho Diaz, voir plus bas dans *Tango Masters : Anibal Troilo*, p. 241.

Milongueando en el '40

Milongueando en el '40 est le nom d'un morceau instrumental, une pièce maîtresse du répertoire de l'orchestre. Ne vous y trompez pas : ce titre ne signifie pas danser la milonga, au contraire il partage la racine du mot *milonguero*. Un *milonguero* est quelqu'un dont l'identité culturelle provient de sa fréquentation des milongas. *Milongueando en el '40* signifie donc plus ou moins « La vie de la milonga en 1940 ». La phrase d'ouverture nous gratifie d'une cascade de syncopes, on la compte comme ceci :

comptage :	1 2 3	1 2 3	1 2 3	1 2 3	1 2	1 2	1
groupement :	3	3	3	3	2	2	1

Milongueando en el '40 : à nous les syncopes !

Cette structure rythmique est fascinante et certainement bien plus complexe que ce qu'on écoutait à l'époque. Avec cette pièce, Troilo nous dit clairement : nous sommes en 1940 et la nouvelle vague est arrivée. La vieille garde peut laisser la place !

Certains d'entre vous auront peut-être noté que *Milongueando en el '40* a été enregistré non pas en 1940 mais en 1941. Qu'est-il arrivé à l'orchestre de Troilo en 1940 ? Et d'ailleurs, quand a-t-il réellement débuté ?

La réponse est un peu frustrante : Troilo a constitué son orchestre en 1937 à partir du noyau formé par l'ensemble de Juan Carlos Cobián. La saison de carnaval passée (à la fin de l'été, vers le mois de mars), l'orchestre fut dissous et Troilo emmena avec lui les musiciens avec lesquels il jouait depuis des années, y compris Orlando Goñi. Le nouvel orchestre réalisa ses premiers enregistrements pour la marque Odeón en mars 1938 et ensuite… plus rien.

L'étude des discographies révèle un fait curieux. Odeón, après une histoire glorieuse durant les années 1920, prit une fâcheuse habitude dans les années 1930 : celle de faire signer de nouveaux talents, non pas dans le but de les promouvoir mais plutôt dans celui de les empêcher de signer avec la concurrence : la Victor. Troilo enregistra ses premiers titres, tous deux instrumentaux, avec Odeón et le reste avec Victor. La maison Odeón fit de même avec Tanturi. Pour Troilo, cela se traduit par trois années de musique non enregistrée… Toutefois, les titres de 1938 sont disponibles (mais sur aucun des CD produits par Sony-BMG, qui possède RCA Victor). Ils sont passionnants, notamment la version de 1938 de **Comme il faut**. C'est une chance que cet enregistrement existe, car ce titre n'appartient pas réellement au répertoire d'un ensemble sophistiqué comme celui de Troilo, situé à l'avant-garde de l'évolution du tango. Différents orchestres choisissent des répertoires différents, suivant leur niveau de raffinement et selon qu'ils sont ou non centrés sur le chant. **Comme il faut** est une composition de la *guardia vieja*, plus typique si l'on veut de l'orchestre de D'Arienzo.

L'enregistrement de D'Arienzo fut réalisé un an et demi auparavant (octobre 1936), aussi ne s'agit-il pas d'une comparaison directe : la musique de tango évoluait rapidement à cette époque, et nous pouvons parier qu'en mars 1938 D'Arienzo aurait joué plus fort et plus vite. Ceci admis, écouter ces deux versions l'une après l'autre est frappant. La version de Troilo est comme un tourbillon, une réminiscence de Laurenz et du sextet mythique de Vardaro-Pugliese (dont nous parlerons au chapitre 12). Elle éclipse totalement la version de D'Arienzo. Elle est non seulement plus brillante et sophistiquée, mais également plus vigoureuse et plus variée sur le plan rythmique : Troilo impose à la mélodie un rythme syncopé en 3-3-2 qui n'avait jamais été utilisé ici auparavant. D'Arienzo est le roi du tempo mais il n'est pas toujours le roi du rythme.

Troilo en CD

Contrairement à D'Arienzo, la musique de Troilo, plus raffinée, a été éditée pendant très longtemps. RCA Victor, avec qui Troilo avait signé pour les années 1940 et ensuite dans les années 1960, réédita toute son œuvre dans les années 1970 avec plus de 26 albums 33 tours. Les matrices réalisées à cette époque, défauts compris, ont formé la base d'éditions ultérieures.

BMG a produit en 1996 quelques CD de Troilo sous son label 'Tango Argentino', classés par chanteur, puis, en 1997, la magnifique série de 16 CD 'Obra completa en RCA'. Cette collection a été préparée avec soin pour le mélomane et le collectionneur, avec toutes les dates d'enregistrement, numéros de matrice et de disque[6] et des notes de pochette très complètes. Cette série est épuisée mais en 2005 BMG réalisa une nouvelle série 'Troilo en RCA Victor' : 26 CD, un pour chaque 33 tours. Ce sont des CD multimédia avec de jolis bonus mais on n'en a pas vraiment pour son argent. Aucune des séries ne comporte les deux enregistrements de 1938, gravés pour Odeón, car EMI en possède les droits mais pas BMG.

Les Troilo des débuts sur CD : que faut-il écouter ?

Commençons avec les deux premiers CD de la série BMG 'Troilo en RCA Victor'.

| BMG | 659436 | Yo Soy el Tango (1941) | 2005 |
| BMG | 659437 | Tinta Roja (1941/1942) | 2005 |

---

[6] la matrice est le nom donné au support physique réalisé durant l'enregistrement

La discographie de Troilo avec Goñi

Voici la liste des enregistrements de Troilo avec Goñi. Que remarque-t-on au premier coup d'œil ?

Si on la compare à la discographie de D'Arienzo, il y a beaucoup moins de milongas et de valses. Voici un orchestre de tango, un vrai !

Nous avons exclu les vinyles réalisés à partir d'émissions de radio. Bien qu'ils soient intéressants à écouter et nous en apprennent un peu plus sur l'orchestre, leur qualité est médiocre et il est de toute façon difficile de se les procurer.

1	07.03.38	Comme il faut		
2	07.03.38	Tinta verde		
3	04.03.41	Yo soy el tango	Fiorentino	
4	04.03.41	Mano brava	Fiorentino	milonga
5	04.03.41	Toda mi vida	Fiorentino	
6	04.03.41	Cachirulo		
7	16.04.41	Con toda la voz que tengo	Fiorentino	milonga
8	16.04.41	Te aconsejo que me olvides	Fiorentino	
9	28.05.41	Tabernero	Fiorentino	
10	28.05.41	Pájaro ciego	Fiorentino - Mandarino	
11	17.06.41	El bulín de la calle Ayacucho	Fiorentino	
12	17.06.41	Milongueando en el '40		
13	11.07.41	Guapeando		
14	11.07.41	Una carta	Fiorentino	
15	18.07.41	En esta tarde gris	Fiorentino	
16	18.07.41	Cordón de oro		
17	08.09.41	Total, pa' que sirvo	Fiorentino	
18	08.09.41	El cuarteador	Fiorentino	
19	09.10.41	Maragata	Fiorentino	
20	09.10.41	Tu diagnóstico	Fiorentino	vals
21	09.10.41	Cautivo	Fiorentino	
22	23.10.41	Tinta roja	Fiorentino	
23	23.10.41	No le digas que la quiero	Fiorentino	
24	23.10.41	El tamango		
25	21.11.41	Sencillo y compadre	Fiorentino	
26	21.11.41	Del tiempo guapo	Fiorentino	milonga
27	08.01.42	Malena	Fiorentino	
27/1	08.01.42	Malena	Fiorentino	
28	08.01.42	C.T.V.		
29	16.04.42	Mi castigo	Fiorentino	
30	16.04.42	Papá Baltasar	Fiorentino	milonga

31	16.04.42	Pa' que bailen los muchachos	Fiorentino	
32	12.06.42	Fueye	Fiorentino	
33	12.06.42	Un placer		vals
34	12.06.42	Colorao, colorao	Fiorentino	
35	15.06.42	Soy un muchacho de la guardia	Fiorentino	
36	15.06.42	Suerte loca	Fiorentino	
37	15.06.42	Los mareados	Fiorentino	
38	23.07.42	Acordándome de vos	Fiorentino	vals
39	23.07.42	La tablada		
40	01.09.42	Lejos de Buenos Aires	Fiorentino	
41	01.09.42	El encopao	Fiorentino	
42	10.09.42	Pedacito de cielo	Fiorentino	vals
43	18.09.42	Tristezas de la calle Corrientes	Fiorentino	
44	18.09.42	No te apures carablanca	Fiorentino	
45	09.10.42	Ficha de oro	Fiorentino	milonga
46	09.10.42	La maleva		
47	22.10.42	El chupete		
48	22.10.42	De pura cepa		milonga
49	30.10.42	Gricel	Fiorentino	
50	14.12.42	Barrio de tango	Fiorentino	
51	14.12.42	Pa' que seguir	Fiorentino	
52	14.12.42	Por las calles de la vida	Fiorentino	
53	29.12.42	Buenos Aires	Fiorentino	
54	11.03.43	Corazón... no le hagas caso	Fiorentino	
55	11.03.43	Margarita Gauthier	Fiorentino	
56	25.03.43	Percal	Fiorentino	
57	25.03.43	Valsecito amigo	Fiorentino	vals
58	05.04.43	Tango y copas	Marino	
59	05.04.43	Cada vez que me recuerdes	Fiorentino	
60	27.04.43	Cuando tallan los recuerdos	Marino	
61	27.04.43	Soy del 90	Fiorentino	
62	03.05.43	Inspiración		
63	03.05.43	Ropa blanca	Marino	milonga
64	03.05.43	Soy un porteño	Fiorentino	milonga
65	02.06.43	De barro	Fiorentino	
66	02.06.43	Farolito de papel	Marino	
67	30.06.43	Uno	Marino	
68	04.08.43	Soñar y nada más	Fiorentino - Marino	vals
69	04.08.43	Tal vez será su voz	Marino	
70	04.08.43	Garúa	Fiorentino	
71	04.08.43	El distinguido ciudadano		
72	30.09.43	Cantando se van las penas	Marino	
73	30.09.43	Farol	Fiorentino	

3/ Osvaldo Pugliese :
passion, pureté et œillet rouge

Il a jeté un pont sur l'abîme qui sépare le cœur et la raison
- Alejandro Prevignano

Guide d'écoute

ORQUESTA OSVALDO PUGLIESE

1/ Recuerdo (1944)

2/ La yumba (1946)

3/ Negracha (1948)

4/ Malandraca (1949)

5/ Muchachos comienza la ronda (1943)
canta: Roberto Chanel

Osvaldo Pugliese fut le dernier des quatre grands à acquérir le statut de star. Né en 1905, il enregistra pour la première fois en 1943 avec un orchestre qu'il avait formé en 1939. De toutes les musiques de tango, celle d'Osvaldo Pugliese est la plus imprégnée de passion qui soit. Chacun peut le ressentir, même si les danseurs la trouvent difficile à interpréter. Mais ce n'est pas seulement la plus passionnée des musiques : c'est aussi la plus pure de toutes. Allez donc écouter *La yumba* – la première version, celle de 1946 – puis continuez votre lecture.

Pugliese était un homme d'une grande intégrité. Communiste toute sa vie durant, il conduisait son orchestre comme un collectif dans lequel la part de revenu de chacun, Don Osvaldo inclus, était fonction de sa contribution. Il passa plusieurs années en prison pour ses opinions dans les années 1950, écrivant les arrangements depuis sa cellule. Ses musiciens lui étaient dévoués : la composition de son orchestre n'a pas changé depuis sa formation en 1939 jusqu'en 1968. Quand il était en prison, un œillet rouge était placé sur le clavier de son piano en son honneur.

La musique de Pugliese est véritablement une musique urbaine, avec un *marcato* unique et caractéristique. Se définissant lui-même comme l'héritier de Julio De Caro et de la mesure 4 x 4, Pugliese, en réalité, s'empara de la musique de De Caro et l'habilla d'humanité.

La yumba

Pugliese décrivait sa sonorité comme *yumba* (prononcer « zhoomba ») : une attaque vigoureuse de tout l'orchestre, conduite par le piano et la contrebasse sur les temps 1 et 3 (« zhoom »), avec des grondements d'octaves à la basse sur les temps 2 et 4 (« ba ») comme ceci : UN deux TROIS quatre. C'est une musique urbaine, qui évoque la cadence à la fois brutale et mécanique de la ville et de l'usine. Pugliese a dit un jour que l'une de ses sources d'inspiration était le son produit par des ouvriers métallurgistes. Nous les entendons bel et bien dans sa musique, comme nous entendons les travailleurs marcher le long des rues animées de la cité.

La sonorité de Pugliese : dur et doux

La pulsation de Pugliese, à travers tout son orchestre, nous entraîne implacablement. C'est une véritable machine musicale, pareille au moteur d'une voiture ancienne, et dont les pistons seraient les bandonéons. Même les violons font grimper la tension note après note, avec leur attaque puissante. Et au moment où vous n'en pouvez plus, la musique s'adoucit et fond, vous permettant de reprendre souffle. Pourtant cette respiration n'est que provisoire : aussitôt, le moteur repart de plus belle et le *marcato* yum-ba vous emporte jusqu'à l'apogée du morceau.

Ce contraste dur-doux est bien plus saisissant que le contraste staccato-legato de Troilo : on peut le qualifier d'extrême. Dans les passages doux, le *compás* même disparaît, déconcertant le danseur débutant. Dans les passages « durs », la musique ne propose pas, elle exige. C'est sans doute à cette musique que pensait le danseur Juan Carlos Copes lorsqu'il disait du tango : « La musique excite et tourmente, la danse est l'union d'un homme et d'une femme sans défense devant le monde, et sans force pour en changer le cours »[7].

Comme chez Julio De Caro, voici un orchestre dont on connaît chaque musicien ; pas seulement Don Osvaldo au piano, mais tous les instrumentistes. Le premier bandonéon ne peut être qu'**Osvaldo Ruggiero**, auteur du grand succès ***N. N.*** (1947). Ce sont ses doigts qui réalisent des *variaciones* telles que celles de ***Recuerdo*** et qui paraissent couler sans effort.

On a dit du premier violon, **Enrique Camerano**, qu'il était né pour jouer avec Pugliese. Mais il est impossible d'oublier la contribution de **Julio Carrasco** et, à partir de 1943, celle d'**Oscar Herrero**. Vous rendez-vous compte ? Voici un orchestre dont on se souvient même du nom des seconds violons. A l'époque, la contrebasse était tenue par **Alcides Rossi**, si essentiel aux yeux de Pugliese qu'en 1949, avec ***Canaro en París***, il lui confia le tout premier solo de contrebasse

---

[7] Susana Balán, *Dos para el tango*, Editorial Del Nuevo Extremo, 2004, p12

jamais exécuté en tango. Ces musiciens demeurèrent aux côtés de Pugliese de 1939 à octobre 1968, soit presque trente ans.

Jusqu'à la fin de sa vie, Don Osvaldo, avec l'humilité qui le caractérisait, considérait Francisco De Caro comme l'inspirateur de sa propre musique. Son but, disait-il, était de préserver l'héritage des frères De Caro, qu'il pensait en danger de disparition. C'est faire peu de cas de l'apport de Pugliese lui-même et de son orchestre.

Pour montrer à son orchestre ce qu'il attendait de lui, Pugliese composa le célèbre **La yumba**, le premier de trois tangos instrumentaux qui définissent son œuvre. Les deux autres sont **Negracha** et **Malandraca**. On a pu suggérer que le mot yumba est originaire d'Afrique[8], comme les mots *tango* et *milonga*, bien que Pugliese lui-même précisât qu'il avait inventé ce mot.

La yumba parut en 1946, **Negracha** en 1948 et **Malandraca** en 1949. L'histoire dit que Pugliese commença à travailler sur ces œuvres bien des années auparavant et qu'il ne les publia que lorsqu'il les jugea au point. Si **La yumba** est l'hymne de Pugliese, **Negracha** est son manifeste de musicien. Des années avant que le mot « avant-garde » ne soit utilisé pour la première fois dans le tango, Pugliese l'avait anticipé dans une œuvre où l'histoire et le futur se télescopent. A notre époque, cette musique sonne toujours non seulement moderne mais audacieuse, et reste l'aune à laquelle tout travail moderne doit être jugé, surtout parce qu'elle réussit à ne pas quitter le monde du tango. Comparée aux œuvres qui suivront, elle reste inégalée.

---

[8] Robert Farris Thompson *Tango: An Art History of Love (Relié)*, New York, Pantheon Books 2005 pp200-202

3   *Passion, pureté et œillet rouge*

Negracha

 Quand Pugliese jouait au club Piccadilly, les filles noires lui réclamaient une musique plus rythmée. Sa réponse fut **Negracha**.

Il y avait déjà eu des syncopes dans la musique de tango : Canaro les utilisait dès 1929, Pracánico encore plus tôt. Mais jamais on n'avait entendu des syncopes de ce type, et l'on n'en entendrait probablement jamais plus. Tous ceux qui affirment que c'est Piazzolla qui a introduit la syncope dans le tango devraient auparavant écouter **Negracha** (ainsi que Canaro). Dans un article analysant la structure de ce morceau [9], le bandonéoniste Rodolfo Mederos ne tarit pas d'éloges sur l'œuvre et son auteur, y voyant même une jonction entre le passé et le futur.

> *Il y a ceux qui entendent la musique seulement après qu'elle a été jouée : ils sont la majorité. Puis il y a ceux qui l'entendent en même temps qu'on la joue : ils sont peu nombreux. Et enfin, il y a ceux, très rares, qui l'entendent avant qu'elle ne soit jouée. Osvaldo Pugliese perçut ce qui n'avait jamais existé et il composa* **Negracha**.
>
> **Negracha** *est plus que de la musique, c'est la musique pour ceux qui viendront après.*
>
> *Arnold Schönberg disait que chez l'homme deux tendances s'opposent qui sont toujours en lutte. L'une désire reproduire des stimuli agréables (connus, autrement dit : des expériences déjà vécues, rassurantes si vous voulez), l'autre cherche à produire de nouvelles sensations, déconcertantes a priori. Il est possible que cette seconde tendance se soit exprimée dans* **Negracha**.
>
> **Negracha** *laisse de côté la mélancolie tiède et à bon marché (..)* **Negracha** *est une œuvre unique et définitive. C'est une flamme qui dynamise et qui réchauffe. Elle est destinée à ceux qui viendront plus tard.*

— Rodolfo Mederos

---

[9] *Negracha; Los que oyen antes que suene*, Rodolfo Mederos, Buenos Aires Tango y lo demás - décembre 1991

La musique de Pugliese est dramatique mais elle n'est ni clinquante ni superficielle. Elle surgit de l'intérieur comme une émotion qui doit s'exprimer. On ne peut l'écouter comme musique de fond, elle exige de vous au contraire une attention et une participation totales, un engagement absolu. J'ai du mal à imaginer ce que cela pouvait être que de danser toute une soirée avec son orchestre. Une seule tanda de trois tangos me laisse complètement lessivé.

Pugliese : un orchestre uniquement instrumental ?

Ce que nous venons de dire ne concerne que les morceaux instrumentaux, qui permettent il est vrai d'apprécier avec clarté le style de Pugliese. On pourrait en déduire que l'orchestre de Pugliese n'est qu'un ensemble instrumental – une impression facilement entretenue par la sélection de musique jouée dans la plupart des milongas. Mais qu'en est-il en réalité ?

Il est vrai que pour un danseur, les chanteurs de Pugliese des années 1950 et 1960 étaient plutôt un désastre – mais il en était de même chez D'Arienzo, alors que la meilleure période pour les morceaux chantés de Troilo date des années 1940. De fait, il en va de même pour Pugliese. Quand il commença à enregistrer en 1943, il disposait d'un chanteur fantastique, **Roberto Chanel**, et la combinaison Pugliese-Chanel était aussi célèbre que les autres partenariats de choix de l'époque, tels que Troilo-Fiorentino ou D'Arienzo-Echagüe. Pour vous en faire une idée, écoutez ***Muchachos comienza la ronda*** qui date de leur seconde session d'enregistrement. Chanel possède une voix puissante avec un ton nasal, un peu comme Echagüe mais avec plus de classe. On remarque aussi le choix du répertoire, avec le sens du titre « Les amis, la ronde commence », et les paroles qui suivent « ..que le tango vous invite à former ». Ce texte souligne le caractère social de la danse de tango, il exprime qu'il s'agit d'une activité de groupe qui concerne une communauté. Nous ferions bien de garder cela à l'esprit !

Osvaldo Pugliese aujourd'hui

Pugliese vécut jusqu'en 1995, soit assez longtemps pour assister au renouveau du tango. Il est le seul chef d'orchestre des quatre grands à l'avoir connu. Pour ceux qui aiment Pugliese, il est toujours présent parmi nous. Ses fans l'appellent *San Pugliese*, Saint Pugliese.

Le Pugliese classique en CD/mp3 : que faut-il écouter ?

Le style de Pugliese, exigeant pour la technologie de l'époque, fait que ses enregistrements ont moins bien vieilli que beaucoup de ceux d'autres orchestres. Il faut prêter une attention particulière à la fidélité sonore. Il y a quantité de CD qui ne méritent pas d'être achetés, et d'autres que l'on mettrait de côté à la première écoute mais auxquels on pourrait bien revenir ensuite, car leur fidélité est vraiment la meilleure que l'on puisse trouver.

Les deux albums recommandés ci-dessous permettent de parcourir toute l'œuvre de Pugliese, tant instrumentale que vocale. Ils sont d'une excellente fidélité sonore. Il y a beaucoup d'autres bons CD disponibles mais nous y reviendrons plus tard pour une étude en profondeur de l'orchestre.

CD / mp3	EMI	855386	Ausencia	1995
CD	EMI	335997	Edición Aniversario (4 CD)	2005

Pugliese - sa discographie jusqu'au départ de Chanel

Les titres de Pugliese datant des années 1943-1944 procurent une impression très différente, si on les compare à ses œuvres plus tardives. Il est regrettable qu'ils ne soient pas encore tous disponibles avec une bonne fidélité. Je vous engage à les rechercher et à les écouter.

#	Date	Titre	Interprète	Genre
1	15.07.43	Farol	Roberto Chanel	
2	15.07.43	El rodeo		
3	27.08.43	Mala junta		
4	27.08.43	Muchachos comienza la ronda	Roberto Chanel	
5	21.10.43	Milonga de mi tierra	Jorge Rubino	milonga
6	21.10.43	Que bien te queda	Roberto Chanel	
7	31.03.44	Recuerdo		
8	31.03.44	Silbar de boyero	Roberto Chanel	
9	01.06.44	El remate		
10	01.06.44	Tortazos	Roberto Chanel	milonga
11	06.07.44	Tierra querida		
12	06.07.44	El día de tu ausencia	Roberto Chanel	
13	20.07.44	Tu casa ya no esta	Roberto Chanel	vals
14	20.07.44	La abandoné y no sabía	Roberto Chanel	
15	22.08.44	El arranque		
16	22.08.44	El tango es una historia	Roberto Chanel	
17	01.10.44	Adiós Bardi		
18	01.10.44	Corrientes y Esmeralda	Roberto Chanel	
19	24.11.44	Amurado		
20	24.11.44	Nada más que un corazón	Roberto Chanel	
21	21.12.44	Puentecito de mi río	Roberto Chanel	vals
22	21.12.44	Mala estampa (mala pinta)		
23	25.01.45	Raza criolla (El taita)		
24	25.01.45	Yuyo verde	Alberto Morán	
25	26.03.45	El sueño del pibe	Roberto Chanel	
26	26.03.45	El paladín		
27	28.05.45	Maleza	Alberto Morán	
28	28.05.45	Derecho viejo		
29	12.06.45	Pelele		
30	12.06.45	El monito		
31	18.07.45	Rondando tu esquina	Roberto Chanel	
32	24.07.45	El abrojito	Alberto Morán	
33	24.07.45	Por qué?	Chanel / Morán	
34	28.08.45	Flor de tango		

35	24.09.45	La cachila		
36	24.09.45	Mentira	Alberto Morán	
37	06.11.45	Las marionetas		
38	06.11.45	Galleguita	Roberto Chanel	
39	03.12.45	Por qué no has venido?	Alberto Morán	
40	03.12.45	Dandy	Roberto Chanel	
41	18.12.45	Hoy al recordarla	Alberto Morán	
42	18.12.45	Tiny		
43	27.02.46	Consejo de oro	Roberto Chanel	
44	27.02.46	Demasiado tarde	Alberto Morán	
45	28.03.46	Fuimos	Roberto Chanel	
46	28.03.46	Príncipe	Alberto Morán	
47	27.05.46	Dos ojos tristes	Alberto Morán	
48	27.05.46	Sin lágrimas	Roberto Chanel	
49	13.06.46	El tábano		
50	21.06.46	Vayan saliendo		
51	31.07.46	Tiempo	Roberto Chanel	
52	31.07.46	No me escribas	Alberto Morán	
53	21.08.46	La yumba		
54	21.08.46	Mal de amores		
55	08.11.46	La mascota del barrio	Roberto Chanel	
56	08.11.46	Una vez	Alberto Morán	
57	02.01.47	Mirando la lluvia	Chanel / Morán	
58	02.01.47	Sin palabras	Alberto Morán	
59	28.01.47	Ojos maulas	Roberto Chanel	
60	28.01.47	Ilusión marina	Alberto Morán	vals
61	27.03.47	Yo te bendigo	Roberto Chanel	
62	27.03.47	Cafetín	Alberto Morán	
63	28.04.47	N.N.		
64	28.04.47	Desilusión	Alberto Morán	
65	10.06.47	Amiga	Roberto Chanel	
66	10.06.47	Escúchame Manón	Roberto Chanel	
67	19.08.47	Jueves		
68	19.08.47	En secreto	Alberto Morán	
69	14.10.47	Cabecitas blancas	Roberto Chanel	
70	14.10.47	El mareo	Chanel / Morán	
71	01.12.47	Anda que te cura Lola	Roberto Chanel	milonga
72	01.12.47	El buscapié		
73	16.12.47	Entrada prohibida		
74	16.12.47	Bolero	Roberto Chanel	

4/ Carlos Di Sarli : dites-le avec des cordes

Guide d'écoute

ORQUESTA CARLOS DI SARLI

1/ El pollo Ricardo (1940)

2/ El pollo Ricardo (1951)

3/ Corazón (1939)
canta: Roberto Rufino

4/ Catamarca (1939)

5/ Shusheta (El aristócrata) (1940)

L'orchestre qui privilégia le plus la mélodie est celui de Carlos Di Sarli. Sa maîtrise de la mélodie, combinée à une cadence de marche solide et régulière, font encore aujourd'hui de son ensemble l'un des plus populaires qui soit pour la danse. En même temps, l'orchestre de Di Sarli ne sert pas uniquement à animer des soirées. Cette musique est élégante et distinguée, tout en assurant au danseur un excellent *compás*. C'est un joli tour de force et on ne s'étonnera pas que cet orchestre soit le favori de beaucoup de danseurs de style *salón*.

Le développement de la carrière de Di Sarli s'accompagne d'une évolution vers une musique toujours plus calme et aussi plus nuancée, à mesure que la mélodie s'enrichit et se fait plus lente et le rythme plus subtil. On dirait une marée qui submerge lentement dans un bain mélodique les arêtes tranchées du rythme staccato.

Cela ne signifie pas que la musique de Carlos Di Sarli ne soit que mélodie sans rythme – pas du tout ! Ce serait trop simple. Beaucoup de débutants apprennent à danser sur les instrumentaux tardifs de Di Sarli, enregistrés dans les années 1954-1958 sur bandes magnétiques. Ces titres datent de la fin de sa carrière, quand sa maîtrise de la mélodie était à son apogée et leur enregistrement sur bande semble avoir été gravé hier. Si c'est tout ce que vous avez entendu de Di Sarli, vous risquez de ne pas reconnaître les premiers titres de son orchestre. Leur rythmique puissante les fait parfois confondre avec D'Arienzo, même par des *tangueros* rompus aux nuances de la musique de tango. Comment reconnaître ces premiers Di Sarli alors que les plus tardifs sonnent de façon tellement différente ? La réponse est simple : ils ont en commun le fait que Di Sarli se repose entièrement sur ses cordes.

Les violons

La constante dans la carrière de Di Sarli n'est pas tant la mélodie que les *violons*. Il utilise ceux-ci en toutes circonstances ; pas uniquement pour la mélodie, mais aussi pour le rythme et c'est le moyen infaillible d'identifier ses enregistrements. Tandis que D'Arienzo mène son orchestre par ses bandonéons, Di Sarli, lui, le conduit – ou plutôt, semble le conduire – par les violons. Pour le rythme, il les fait jouer staccato et les bandonéons comblent les vides : ils sont presque absents. Un exemple classique pourrait être l'enregistrement de 1940 de **El pollo Ricardo** (une fois de plus, la prudence est de mise : l'orchestre enregistra ce titre trois fois et cette version n'est pas la plus souvent entendue). Les phrases staccato de l'ouverture sont jouées par les violons, soutenus par les bandonéons. Et quand à la fin arrive la *variación*, c'est aussi le violon qui est à l'honneur !

Di Sarli met à profit les mêmes techniques dans tous ses premiers morceaux instrumentaux. Dans l'enregistrement suivant, **Shusheta** **(El aristócrata)**, les variations de couleur musicale produites par les violons sont encore plus extrêmes. En plus de la mélodie et des entrées staccato, nous entendons du pizzicato dans la toute première phrase d'ouverture ; et quand les bandonéons se voient confier la mélodie quelques instants après, les violons continuent à s'agiter *staccato* à l'arrière-plan, à l'opposé de ce que feraient beaucoup d'autres orchestres.

Le piano

Tout comme pour D'Arienzo, le piano était un élément-clé de la sonorité de Di Sarli. Dans le cas présent, c'est Di Sarli lui-même qui conduisait l'orchestre depuis le piano. On l'identifie immédiatement à l'écoute des trilles à la main droite qui, telles des cloches, relient les phrases, au lieu de les ponctuer comme le fait Biagi. Di Sarli est un grand musicien qui joue avec modération, au bénéfice de sa propre vision musicale. Au fur et à mesure qu'il développera sa musique, il jouera de moins en moins de notes. Il n'y a que dans quelques milongas qu'il lâche les chevaux et fait étalage de sa virtuosité. La grande beauté de son jeu de main droite pourrait occulter la basse puissante produite par sa main gauche, mais celle-ci ne peut nous échapper dans ses premiers enregistrements. Un bel exemple en est le **Catamarca** de 1939, dans lequel il couvre tout le clavier depuis le début du morceau.

Pour résumer, les violons au premier plan : c'est Di Sarli. Vous n'êtes toujours pas sûr ? Les deux moyens de contrôle suivants sont les ornements de clochettes avec la main droite au piano, et les bandonéons presque inaudibles. Oui ? Alors c'est Di Sarli.

Le chanteur

Tout au long de sa carrière, Di Sarli a eu de grands chanteurs. **Roberto Rufino**, le premier vocaliste de l'orchestre de Di Sarli, chante leur premier tango ***Corazón*** comme s'il savait tout sur l'amour, alors qu'il n'avait que 17 ans lors de l'enregistrement et qu'il était trop jeune pour être admis dans les cabarets où jouait l'orchestre. Ses compagnons devaient le faire rentrer en douce par la porte de derrière. Rufino fut rejoint en 1942 par Alberto Podestá mais ce dernier se lassa de jouer les seconds couteaux vis-à-vis de Rufino et il partit au bout d'un an, pour revenir lorsque Rufino quitta l'orchestre en 1944. Après Podestá vint le baryton grave de Jorge Durán (1945-47). Tous sont des vocalistes remarquables et excellents pour le danseur. De fait, il n'existe aucune période durant la longue carrière de Di Sarli pendant laquelle la qualité de la musique diminue du point de vue du danseur. On peut danser avec plaisir sur des enregistrements de n'importe quelle époque, des premiers titres en 1939 avec Rufino jusqu'à son dernier disque en 1958, presque vingt ans plus tard. Sur cette période, il n'y a que Pugliese qui montre une telle constance. Ces deux hommes avaient en commun d'être intransigeants, mais la personnalité difficile de Di Sarli et son caractère inflexible lui causèrent des difficultés, à la fois avec ses musiciens et dans le monde du spectacle musical.

L'histoire de Di Sarli

Né en 1903 à Bahia Blanca, Di Sarli jouait déjà en public à l'âge de 13 ans, âge auquel un accident avec le fusil de son père lui endommagea un œil, le forçant à porter des lunettes noires le restant de sa vie.

Après un bref passage comme l'un des pianistes de Fresedo, il forma son sextuor à la fin de 1927, enregistrant de 1928 à 1931, année durant laquelle sa formation perdit son contrat à l'occasion de la révolution du cinéma parlé. Nous aurons plus tard l'occasion de parler de l'époque des sextuors.

Après quelques années passées hors de la capitale, Di Sarli mit sur pied son propre orchestre à la fin de 1938 et ils commencèrent à se produire le mois de janvier qui suivit. Quand ils enregistrèrent leur premier disque à la fin de l'année, leur musique était déjà tout à fait au point.

Le développement de l'orchestre tout au long de ces années est extraordinaire car Di Sarli va de l'avant sans jamais sacrifier son orientation vers la danse. La mélodie s'élève, submerge le rythme dans une grande vague sonore mais sans perdre de vue le *compás*. Nous y reviendrons dans un prochain chapitre mais pour entendre dans quelle direction va Di Sarli, écoutez la version de 1951 de *El pollo Ricardo*. Dès les premières notes il est clair que la cadence est bien plus lente que celle de 1940 et si vous prenez la peine de l'écouter jusqu'au bout, vous constaterez que bien qu'il s'agisse d'un enregistrement très similaire, ce tango a un effet très différent sur votre corps.

La « patte » de Di Sarli au piano est incroyable. Jamais il n'écrivait sa partie dans un tango. Il n'en avait pas besoin, mais il voulait aussi qu'il soit difficile de copier son style. J'ai entendu dire qu'il jouait parfois avec le piano tourné de telle manière que le public ne puisse voir ses doigts. Quand il disparut en 1960, Troilo dit de lui : « El ciego se llevó el secreto a la tumba » : il a emmené son secret avec lui dans la tombe.

Les premiers Di Sarli sur CD : que faut-il écouter ?

Voici une question délicate. Il est d'usage de s'initier à la musique de Di Sarli par ses derniers instrumentaux, auxquels nous viendrons plus tard, tandis que pour ce qui est de ses premiers titres, il n'y a aucun CD qui couvre le sujet. La meilleure sélection est celle de l'album de la collection Reliquias 'Instrumental vol. 2'. Elle comporte aussi un superbe album avec Rufino qui inclut *Corazón*.

TARG	63345	Instrumental vol.2	2004
TARG	41298	Sus primeros éxitos vol.1 (Rufino)	1996

Di Sarli : sa discographie jusqu'au départ de Rufino (1943)

1	11.12.39	Corazón	Roberto Rufino	
2	11.12.39	El retirao		
3	09.02.40	Milonga del sentimiento	Roberto Rufino	milonga
4	09.02.40	Catamarca		
5	15.02.40	Alma mía	Roberto Rufino	vals
6	15.02.40	La trilla		
7	17.04.40	El opio		
8	17.04.40	Milonga del centenario	Antonio Rodríguez Lesende	milonga
9	19.06.40	Cosas olvidadas	Roberto Rufino	
10	19.06.40	El incendio		
11	04.07.40	Racing Club		
12	04.07.40	Milonguero viejo		
13	05.08.40	Ausencia	Agustín Volpe	vals
14	05.08.40	El jaguar		
15	23.09.40	En un beso... la vida	Roberto Rufino	
16	23.09.40	El pollo Ricardo		
17	08.10.40	Shusheta (El aristocrata)		
18	08.10.40	Volver a sonar	Roberto Rufino	
19	23.11.40	Nobleza de arrabal		
20	23.11.40	Lo pasado, pasó	Roberto Rufino	
21	11.12.40	Viviani		
22	11.12.40	Rosamel	Roberto Rufino	vals
23	18.02.41	Charlemos	Roberto Rufino	
24	18.02.41	Pena mulata	Roberto Rufino	milonga
25	06.03.41	La cachila		
26	06.03.41	Cortando camino	Roberto Rufino	vals
27	18.04.41	El estagiario		
28	18.04.41	Mi refugio		
29	20.05.41	Bien frappé	Roberto Rufino	
30	20.05.41	Marianito		
31	06.06.41	Cascabelito	Roberto Rufino	
32	06.06.41	Patotero	Roberto Rufino	
33	21.06.41	La torcacita		
34	21.06.41	Griseta	Roberto Rufino	
35	16.07.41	Marejada		
36	16.07.41	Germaine		
37	02.08.41	Cuando el amor muere	Carlos Acuña	
38	02.08.41	Sentimiento criollo		
39	03.10.41	Don Juan		
40	03.10.41	El cielo en tus ojos	Roberto Rufino	
41	21.11.41	La mulateada	Roberto Rufino	milonga
42	20.11.41	La morocha		
43	03.12.41	Zorzal	Roberto Rufino	milonga

44	03.12.41	El recodo		
45	11.12.41	El paladín		
46	11.12.41	Y hasta el cardo tiene flor		
47	26.12.41	Lo mismo que antes	Roberto Rufino	
48	03.01.42	Noches de carnaval (otra vez carnaval)	Roberto Rufino	
49	30.03.42	Entre pitada y pitada	Alberto Podestá	milonga
50	30.03.42	No está	Alberto Podestá	
51	09.04.42	Alzame en tus brazos	Alberto Podestá	vals
52	09.04.42	Al compás del corazón	Alberto Podestá	
53	26.05.42	Sombras del puerto	Alberto Podestá	
54	26.05.42	Rosa morena	Roberto Rufino	milonga
55	23.06.42	Junto a tu corazón	Alberto Podestá	
56	23.06.42	El amanecer		
57	23.06.42	Cuidado con los cincuenta		
58	29.07.42	Necesito olvidar	Roberto Rufino	
59	29.07.42	Cuando un viejo se enamora	Roberto Rufino	milonga
60	12.08.42	Decime que pasó	Roberto Rufino	
61	12.08.42	Tarareando	Roberto Rufino	
62	12.08.42	Mañana zarpa un barco	Roberto Rufino	
63	09.09.42	Rosas de otoño	Alberto Podestá	vals
64	09.09.42	Me llaman Julián Centeya	Alberto Podestá	milonga
65	12.11.42	La cumparsita		
66	12.11.42	Va a cantar un ruiseñor	Alberto Podestá	
67	30.11.42	Nido gaucho	Alberto Podestá	
68	30.11.42	Organito de la tarde		
69	21.12.42	Volver a vernos	Alberto Podestá	
70	21.12.42	Estampa federal	Alberto Podestá	vals
71	05.03.43	Cornetín	Roberto Rufino	
72	05.03.43	Un día llegará	Roberto Rufino	vals
73	05.03.43	Como se hace un tango	Roberto Rufino	
74	17.03.43	Pa' los muchachos	Roberto Rufino	
75	17.03.43	Adiós te vas...!	Roberto Rufino	
76	17.03.43	Canta, pajarito	Roberto Rufino	
77	05.05.43	Nueve puntos		
78	05.05.43	Si tú quisieras	Roberto Rufino	
79	05.05.43	Bar Exposición		
80	14.05.43	Don José María		
81	28.05.43	Anselmo Acuña el resero	Roberto Rufino	
82	14.06.43	Zorro plateado	Roberto Rufino	
83	05.08.43	La viruta		
84	05.08.43	Navegante (Vito Dumas)	Roberto Rufino	
85	07.09.43	Tristeza marina	Roberto Rufino	
86	07.09.43	Ensueños		
87	07.10.43	Verdemar	Roberto Rufino	
88	07.10.43	Yo soy de San Telmo	Roberto Rufino	milonga

89	04.11.43	Los muñequitos	Roberto Rufino	
90	04.11.43	A mí me llaman Juan Tango	Roberto Rufino	
91	04.11.43	Todo	Roberto Rufino	
92	04.11.43	El jagüel		
93	17.12.43	Maldonado	Roberto Rufino	milonga
94	17.12.43	Tierra negra		
95	17.12.43	Esta noche de luna	Roberto Rufino	
96	17.12.43	Boedo y San Juan	Roberto Rufino	

La présence de Rufino dans l'orchestre n'apparaît pas comme continue, et de fait elle ne l'est pas. Il quitta Di Sarli deux fois pendant cette période pour rejoindre des orchestres plus modestes qui nous sont inconnus à l'heure actuelle : ceux d'Alfredo Fanuele (1941) et d'Emilio Orlando (1942)[10].

Rufino quitta Di Sarli pour la troisième et la dernière fois à la fin de 1943, après avoir réalisé 46 enregistrements historiques et avec un répertoire sans précédent pour un chanteur âgé de seulement 21 ans.

---

[10] Roberto Selles, publié à l'origine dans le Chapitre 34 de la collection *Tango Nuestro* publié par *Diario Popular*.

Les quatre grands : résumé

D'Arienzo : le roi du tempo. On ne peut s'empêcher de battre la mesure avec le pied mais les chanteurs ne sont pas son point fort. Contraste : aucun ! Pianiste : Rodolfo Biagi.

Troilo : le meilleur orchestre en ce qui concerne les chanteurs. Contraste : staccato-legato. Pianiste : Orlando Goñi.

Pugliese : passionné et intense. Les idées musicales de De Caro, mais humanisées et affûtées. Tempo d'entraînement : *la yumba*. Contraste : dur-doux. Pianiste : Don Osvaldo lui-même.

Di Sarli : remarquable maîtrise de la mélodie, l'essentiel vient des cordes. Toujours dansable. Pianiste : Di Sarli lui-même.

Et pour finir : quand se déroula l'Age d'Or ?

Les historiens du tango parlent d'un Age d'Or d'une durée de quarante ans, culminant avec la décennie glorieuse des années 1940, quand le tango atteint son apogée. C'est exact du point de vue historique mais qu'en est-il dans la perspective qui est la nôtre ?

A vrai dire, la grande majorité de la musique que l'on joue de nos jours pour danser provient d'une seule décennie qui n'est pas exactement la décennie glorieuse des années 1940. Elle commence avec D'Arienzo et se termine au milieu des années 1940. Après cette date, la musique se fait plus sophistiquée et d'une qualité moins constante en termes de musique pour danser.

En conséquence, notre décennie glorieuse se situerait entre 1935 et 1944. Ceci pouvant prêter à confusion, je m'efforcerai par la suite de préciser clairement à quelle décennie je fais référence.

Deuxième partie

D'autres orchestres de la décennie glorieuse

5 / Les nombreuses vies de Francisco Canaro

Guide d'écoute

1/De puro guapo (1935)*
2/Poema (1935)* 3/Tormenta (1939)+
4/A media luz (1926) 5/Derecho viejo (1927)
6/La morocha (1929) estribillo: Ada Falcón
7/La cumparsita (2° versión) (1929)
8/Flor de fango (1931) canta: Charlo
9/Milonga sentimental (m) (1933)
10/Con tu mirar (v) (1930) canta: Charlo
11/El jardín del amor (v) (1932) cantan: Irusta/ Fugazot
12/Ronda del querer (v) (1934) 13/Mano a mano (1938)*
14/Charamusca (1934) 15/Si yo fuera millonario (1933)+
16/Salud, dinero y amor (v) (1939) canta: Amor
17/Necesito olvidar (1942) canta: Adrián
18/La negrita candombe (1943) canta: Roldán
19/ Adiós pampa mía

* canta: Roberto Maida
+ canta: Ernesto Famá

Venons-en à présent à Francisco Canaro, l'artiste de tango le plus prolifique et le plus prospère de tous les temps. Ce court préambule résume l'essentiel de la carrière de Canaro : tout en créant une musique magnifique, il organisait sa vie, artistique comme personnelle, autour de valeurs matérielles plutôt que musicales. Né pauvre, Canaro a été toute sa vie obnubilé par l'argent, même bien après que le succès l'a enrichi. Toujours au fait des goûts de son public, il n'hésitait pas à adopter le style qu'il pensait être le plus populaire à un moment donné. Tandis que la carrière de chacun des quatre grands orchestres suivait un plan bien précis, l'orchestre de Canaro pouvait changer de personnalité très rapidement. De ces différents styles, il y en a que j'adore et d'autres que je n'aime vraiment pas.

Il y a le Canaro que nous aimons tous et qui par sa musique se place au plus haut niveau : celui des années 1935-1938, avec le chanteur **Roberto Maida**. A cette époque l'orchestre de D'Arienzo explose littéralement et pourtant Canaro, accompagné de la voix calme et suave de Maida, produit une musique pleine de chaleur et de tendresse. Un exemple en est ***De puro guapo*** (1935), un thème qui nous est familier par la version plus tardive de Pedro Laurenz. Canaro se concentre sur le *compás* qu'il mène avec lenteur, force et fermeté. Mais c'est Maida qui en transforme l'ambiance et l'adoucit par sa voix. Le contraste entre le tempo impulsé par Canaro et la voix de Maida donne tout son charme à ce morceau. Lorsqu'au contraire l'orchestre de Canaro se met au diapason de son chanteur, il en émane une grande sérénité, comme dans l'immortel ***Poema***.

A titre de comparaison, écoutons un titre enregistré seulement quelques années plus tard, le ***Tormenta*** de 1939. L'impression très différente est le fait du chanteur, **Ernesto Famá**, dont la voix n'a pas la douceur de celle de Maida. En effet, lorsqu'on examine la carrière de Canaro dans son ensemble, il apparaît une alternance entre des phases au tempo plus dur ou au contraire plus souple, dans lesquelles le choix du chanteur se révèle un élément-clé.

Minotto, le centre de gravité musical de l'orchestre de Canaro

La formation de Canaro n'est pas organisée autour de certains musiciens géniaux comme l'est celle des quatre grands. Il y a pourtant une exception : son premier bandonéon, le brillant Minotto Di Cicco – Minotto tout court.

Minotto effectue un bref passage chez Canaro en 1918, puis il contribue dans les années 1923-1926 à façonner la sonorité de ses bandonéons. On peut le vérifier en écoutant les enregistrements du propre orchestre de Minotto en 1930-1931. Une fois libre de s'exprimer, le son de la section de bandonéons de Minotto se révèle remarquablement proche de celui de Canaro.

L'orchestre de Minotto fut l'une des victimes des événements de 1931[11] et Minotto revint chez Canaro en 1932 pour demeurer à ses côtés le restant de sa carrière. Il est le centre de gravité musical de l'orchestre de Canaro. Sa sonorité caractéristique s'affirme clairement dans **Poema** où il remplit les espaces laissés par le solo de violon.

Les nombreuses vies de Francisco Canaro

A présent que nous nous sommes familiarisés avec le son de Canaro, nous pouvons appréhender l'ensemble de sa carrière. D'une part, Canaro a été un formidable pionnier. Voici une liste de ses innovations, dont deux partagées avec Roberto Firpo :

- 1916 - Il remplace la flûte par la contrebasse de Leopoldo Thompson, créant alors, en même temps que Firpo, le *sexteto típico* (sextuor traditionnel).
- 1920 - Il recourt pour la première fois à un arrangeur (son pianiste Luís Riccardi). Son style annonce la fin prochaine de la *guardia vieja*.
- 1921 - Il constitue pour le carnaval un orchestre de 32 instruments, incluant même des violoncelles.
- 1924 - Il introduit l'*estribillista* (chanteur de refrain).

---

[11] voir le Chapitre 19, « l'ère des sextuors »

- 1924 - Canaro et Firpo amplifient leur ligne de bandonéons et de violons, transformant le sextuor en *Orquesta Típica*.
- 1927 - Il est le premier à intégrer un *estribillista* comme membre permanent de l'orchestre (Agustín Irusta).
- 1929 - Il est le premier à utiliser une voix de femme comme *estribillista*.
- 1933 - Il est le premier orchestre de danse à enregistrer une milonga.

Quelle liste de réalisations remarquable ! Ceci dit, la dernière date de 1933. La critique est malaisée, alors que Canaro a déjà tant fait, mais comme danseurs nous savons que la musique que nous entendons dans les milongas vient principalement de ce que nous appelons la décennie glorieuse 1935-1944, celle que D'Arienzo a ouverte par sa révolution de 1935.

La réaction de Canaro à la révolution de D'Arienzo fut pratiquement de l'ignorer, ce qui peut étonner de la part d'un homme connu pour son franc populisme. Musicalement parlant et en parallèle à Fresedo, il suit un autre chemin. Après avoir joué au début des années 1930 de la musique aussi marquée que celle de D'Arienzo, il vient d'engager Roberto Maida et produit une musique plus douce, plus romantique, et de qualité. Ce qui ne veut pas dire que les événements extérieurs ne l'affectent pas ; fin 1938 on peut entendre son rythme se durcir un peu, mais la voix de Maida conserve sa douceur à l'ensemble.

Toutefois, il serait injuste d'affirmer que Canaro ignorait le renouveau de popularité de la *guardia vieja*. Au vu du succès du quatuor à l'ancienne créé par Firpo en 1936, Canaro fonda le sien en 1937 : le Quinteto Don Pancho, connu dès la fin de 1940 comme le Quinteto Pirincho[12].

---

[12] Pirincho était le surnom de Canaro. Ce nom désigne un oiseau d'Amérique du Sud qui possède une crête orange. A sa naissance, Francisco Canaro avait une touffe de cheveux sur le crâne et la sage-femme s'était écriée : « regardez, il a l'air d'un *pirincho* ! »

Durant l'année 1938, l'orchestre de Canaro adopta un tempo plus rapide mais Canaro ressentait le besoin de changements plus importants. A la fin de l'année, il engagea Francisco Amor comme second chanteur. Apparemment, cela déplut à Maida qui partit[13]. Cet épisode permit le retour d'**Ernesto Famá** au début de 1939. Famá avait chanté avec Fresedo dès 1927 et il avait aussi fait un bref passage dans l'orchestre de Canaro en 1932-1934. Canaro retrouve un chanteur qu'il connaît et dont il sait qu'il peut mouler la voix dans la sonorité plus dure qu'il recherche. De fait, Maida sera remplacé par Famá avec Amor comme second chanteur.

Au risque de déplaire, je vais à présent vous dire le fond de ma pensée : bien que les enregistrements de 1939 soient corrects, musicalement parlant il s'agit d'un grand pas en arrière pour Canaro. Un morceau comme *Tormenta* (datant de cette année-là, et assez populaire dans les milongas) n'offre plus aucune subtilité et le rythme y apparaît presque comme strident. Mais si vous appréciez sa production des années 1940 – il y en a suffisamment pour trouver son bonheur – il est indéniable que Canaro est devenu populiste : ayant toujours du succès, prenant le pouls du public mais n'innovant plus sinon dans le mode du tango-fantaisie. De ce point de vue l'importance de Canaro s'estompe. Ses tangos des années 1920 sont extraordinairement novateurs, ses milongas des années 1930 irrésistibles, mais son travail des années 1940 est dépassé par les artistes qui viennent après lui. Nommez-moi n'importe quel tango majeur du Canaro de cette époque et je vous cite une meilleure version par un autre orchestre.

N'oublions pas que Canaro enregistrait déjà depuis 24 ans. Né en 1888, il avait 51 ans à l'époque. Il n'est pas vraiment surprenant que son énergie créatrice commence à diminuer.

---

[13] Oscar del Priore, *Los cantores de tango*, Losada 2009, p73

On peut à première vue diviser la carrière de Canaro en plusieurs périodes :

1. 1915-1926 : l'époque acoustique
2. 1926-1934 : l'époque des premiers enregistrements électriques
3. 1935-1938 : l'époque « Maida »
4. 1939 et après : l'époque populiste

La seconde période est la plus oubliée et peut-être la meilleure sur le plan musical. Examinons-la de plus près.

Canaro aux débuts de l'enregistrement électrique (1926-1934)

Ces enregistrements relèvent du pur génie. Canaro dispose de bons musiciens et interprète des arrangements complexes, inventifs et riches en surprises musicales. Son tout premier enregistrement électrique, ***A media luz*** (1926) dénote une maturité musicale qui le positionne comme l'un des leaders absolus de l'époque en tant qu'orchestre de danse – certainement l'égal de Fresedo, avec Firpo juste derrière. Le bandonéon de Minotto est bien plus présent dans ces enregistrements précoces qu'il ne le sera plus tard : il forme à cette époque la pierre angulaire de l'orchestre de Canaro.

J'ai considéré comme un seul bloc la période précédant l'arrivée de Maida, en fait il faudrait la diviser en deux. Dans les années 1926-1930, les enregistrements de Canaro sont de la même qualité que dans ***A media luz*** : excellents musiciens, superbes arrangements, tendres et rythmiques à la fois. Il a la chance d'avoir aussi dans sa formation l'une des plus grandes voix de l'époque : **Charlo**. Au début des années 1930, la pulsation rythmique se fait de plus en plus forte. Cette tendance se manifeste dès 1930 avec le tango ***El púa*** et s'intensifie dans les deux années qui suivent. C'est à ce tempo bien marqué que Canaro reviendra en 1939. Il s'agit peut-être d'une coïncidence, mais je me demande si ce n'est pas un peu pour cela que Charlo – un maître dans le registre tendre – cesse d'enregistrer avec Canaro en 1932. Son remplaçant sera Ernesto Famá.

Cette subdivision nous amène à classer ainsi les phases successives de la carrière de Canaro :

1. 1915-1926 : l'époque acoustique
2a. 1926-1931 : les premiers enregistrements électriques : plutôt doux. Charlo
2b. 1932-1934 : les premiers enregistrements électriques : plutôt dur. Famá
3. 1935-1938 : l'époque « Maida »
4. 1939 et après : l'époque populiste : Famá, Amor, Adrián etc

Vers la fin des années 1920, Canaro développe rapidement sa musique. Un bon exemple est son enregistrement du tango classique de Eduardo Arolas **Derecho viejo**. Gravé en avril 1927, cinq mois seulement après **A media luz**, ce morceau est riche en effets : pizzicato et *latigo (glissando)* aux violons, et grognements de bandonéons.

S'il fallait choisir un seul titre pour montrer la plénitude et la richesse de sa musique en ces temps reculés, ce serait son magnifique enregistrement de 1929 de **La morocha**, pour deux raisons : avant tout, pour la participation d'**Ada Falcón**, une des voix les plus dramatiques et les plus expressives du tango. Ils enregistrèrent ensemble 201 titres mais presque tous mettent en scène Falcón comme soliste accompagnée par l'orchestre de Canaro et n'étaient pas conçus pour la danse. Il y en a très peu dans lesquels elle chante comme *estribillista*. C'était incroyablement osé, non seulement à l'époque, mais durant tout l'Age d'Or du tango. Encore aujourd'hui il est très rare d'entendre une voix de femme avec un orchestre de danse. Il y a de bonnes raisons à cela : la voix de ténor est celle dont la tessiture se rapproche le plus du violon, et donc qui s'insère le plus facilement dans l'orchestre de tango. Le chanteur dans un tango à danser, qu'il soit *estribillista* ou *cantor de orquesta*, n'est pas simplement accompagné par les instruments, il en fait partie. Canaro y réussit à merveille, le piano faisant dans le registre aigu un écho discret à la voix de Falcón. Personne d'autre n'osera utiliser une voix de femme dans un orchestre de tango à danser avant Donato en 1939, dix ans plus tard.

Ensuite, l'arrangement est tout simplement génial ! Ada Falcón fait son entrée comme prévu, après qu'on a entendu les thèmes A et B (nous ne pouvons ici parler de strophe et de refrain car le morceau n'a qu'une strophe). La véritable surprise se trouve dans la section syncopée qui suit :

A	Instrumental
B	Instrumental
A	Ada Falcón
B	Instrumental – syncopé
A	Instrumental - bandonéon et violon en alternance

Structure de *La morocha* (Canaro/Falcón, 24/07/1929)

Les syncopes sont étonnantes parce que superposées ; la percussion sauvage sonne comme une batterie soutenant un phrasé fortement syncopé des violons et bandonéons à l'unisson. Le piano est là pour lier l'ensemble. C'est un vrai tour de force, sans compter que la face B du disque (l'instrumental ***Don Juan***) est du même niveau. Ceux qui pensent que Piazzolla a introduit les syncopes dans la musique de tango devraient écouter ces titres.

Si vous cherchez ***La morocha***, soyez vigilants car Canaro enregistrait souvent deux versions du même tango en l'espace de quelques semaines, et la plupart du temps avec le même chanteur : une version à danser, avec un *estribillista*, et un *tango canción*, une chanson plutôt qu'un thème de danse, l'orchestre se contentant d'accompagner le chanteur. Si vous avez le 78 tours sous les yeux, il est possible de les distinguer en examinant les deux labels. Sur le premier on lirait, « Francisco Canaro. Estribillo : Ada Falcón », et sur le second « Ada Falcón accompagnée par Francisco Canaro et son orchestre ». Malheureusement, de nos jours, les maisons de disques ne font plus cette distinction. Elles choisissent l'ordre des noms selon l'artiste qu'elles veulent mettre en avant.

Après avoir savouré l'émotion transmise par Ada Falcón, écoutons à présent un tango de la même époque mais avec la voix de **Charlo**, comme son *Flor de fango* de 1931. Charlo attend deux minutes pour faire son entrée mais il vous captive dès le premier instant. Sa voix est pleine de sensibilité mais sans affectation. Il s'agit de l'une des plus belles voix du tango et je ne saurais trop vous la recommander.

Au début des années 1930, et surtout après 1932, le rythme de Canaro devient nettement plus marqué. *Charamusca* (1934) est un exemple connu parmi beaucoup d'autres. Moins intense, toujours avec un rythme marqué mais manquant du sentiment d'intimité des œuvres avec Charlo, on peut écouter le *Si yo fuera millonario* de 1933 avec Ernesto Famá. C'est exactement à cette formule que Canaro reviendra en 1939.

Canaro, champion de la milonga, maître de la valse

En 1932, Rosita Quiroga commanda une milonga au célèbre duo de compositeurs Sebastián Piana et Homero Manzi. L'œuvre achevée, elle la refusa, mais celle-ci fut inaugurée avec grand succès par Mercedes Simone. Francisco Canaro proposa ensuite *Milonga sentimental* à un public de danseurs qui ne se doutaient de rien. Le succès fut au rendez-vous et Canaro fit de la milonga l'une de ses spécialités, en enregistrant plus de cinquante.

Il y a d'autres orchestres qui enregistrèrent beaucoup de milongas, comme D'Arienzo. Mais quand il s'agit de valse, Canaro règne en maître avec plus de 150 titres sous son nom. Beaucoup d'entre eux relèvent du pur génie.

Comme avec tant d'orchestres, notre rencontre avec Canaro et ses valses suit l'inverse de la chronologie. Sa valse la plus connue (bien que n'étant pas ma favorite) est instrumentale, *Corazón de oro*. On trouve deux versions. La première à avoir été rééditée et donc la plus jouée est celle de 1951, avec une introduction et un chœur chantant « ah… » en arrière-plan. Je préfère la version antérieure de 1938 qui ne comporte ni introduction ni chœur. A cette époque, Canaro a aussi joué avec le chanteur Francisco Amor quelques merveilleuses valses rapides. Je pense à leur interprétation de la chanson mexicaine **La zandunga** (1939) et aussi leur arrangement de **Salud, dinero y amor** (1939) qui dame le pion à l'interprétation d'Enrique Rodríguez.

Voici à présent quelques-unes des valses chantées par Maida : **El triunfo de tus ojos** (1938) et l'immortelle **En voz baja** (1937). Elles sont d'un caractère plus doux, en accord avec ce que nous avons appris du changement de style de Canaro à la fin des années 1930.

Voyageant encore plus loin dans le temps, nous arrivons à la valse **Ronda del querer** (1934) avec Carlos Galán. Elle est de l'époque précédant Maida, avec un rythme marqué mais que la mesure à trois temps adoucit, faisant de cette valse une très jolie pièce.

On ne peut omettre la valse **El jardín del amor** (*le jardin de l'amour*). Canaro l'a enregistrée deux fois et la version à danser dure quand même cinq minutes. Voici ce dont on était capable à l'époque, et la limite des trois minutes soi-disant imposée par une face de 78 tours n'est donc qu'un mythe. Cette valse est chantée en duo par Agustín Irusta et Roberto Fugazot, non pas avec de simples harmonies, mais comme un dialogue. Le jeu combiné des deux voix est exquis.

Nous voici à présent à l'époque de Charlo. Les non-initiés peuvent trouver que ces valses des débuts manquent de substance mais passez quelques minutes à les écouter et la voix tendre de Charlo va vous submerger. Un bel exemple est **Con tu mirar** (1930), un peu isolé sur son album, mais il en existe beaucoup d'autres. Parmi mes favorites, voici **Siempre te amaré** (1930) et **Serenata maleva**, **Florcita criolla** et **Ya viene el invierno**, toutes datant de 1931. Charlo apporte à ces valses une ambiance intime. Elles offrent de belles nuances d'émotion : ni le carrousel exubérant des années suivantes, ni la douceur des années Maida, mais quelque chose de plus complexe, avec une tendresse mêlée de désir. J'inclurais aussi **Lirio blanco** (1934) dans laquelle Ernesto Famá revendique son lyrisme, juste pour montrer qu'il pouvait chanter avec tendresse lorsque Canaro lui en fournissait l'occasion.

Je vous laisse libres d'apprécier la progression que nous venons de retracer. En remontant le temps nous avons trouvé des valses simples et entraînantes, puis plus douces, pour terminer par des pièces nuancées et plus complexes. Ce sont pour moi ces valses plus anciennes qui ont le plus d'intérêt musical.

Canaro avec Maida (1935 – 1938)

Maida, avec sa voix de velours, est l'un des véritables grands de cette époque : pas vraiment oublié de nos jours, mais pas aussi célèbre qu'il aurait pu l'être s'il avait continué à chanter avec un orchestre majeur au moment où Troilo et Fiorentino redéfinissaient le rôle du chanteur d'orchestre. Il est pour Canaro ce que Héctor Mauré sera plus tard pour Juan D'Arienzo : un chanteur menant l'orchestre sur un chemin plus raffiné que celui naturellement suivi par leur chef.

Nous avons entendu plus tôt combien cela peut être paisible lorsque Canaro s'adapte à Maida (***Poema***), cependant, même lorsque Canaro bat énergiquement la mesure, comme par exemple dans ***Mano a mano*** qui date de leur dernière session de 1938, les tons de miel de Maida arrondissent les angles de plus en plus aigus de Canaro. C'est quelque chose qui nous manquera cruellement une fois Maida parti.

L'époque populiste de Canaro (1939 et après)

Les enregistrements les plus charmants de la seconde période d'Ernesto Famá avec Canaro sont sans aucun doute ceux de 1939. Ensuite, notre intérêt pour Canaro se concentre principalement sur les milongas et les valses. La plupart des tangos ne me captivent pas : en 1940-1941 notamment, Canaro me paraît jouer sans conviction, même lorsqu'il étrenne un grand tango comme ***En esta tarde gris***.

Les choses s'améliorent en 1942 avec un ralentissement du tempo et l'arrivée de deux nouveaux chanteurs : **Eduardo Adrián** (***Necesito olvidar***) et l'Uruguayen **Carlos Roldán** qui, comme nombre de ses compatriotes, excellait dans les milongas et candombes : ***La negrita candombe*** en est un exemple typique. Pourtant, malgré quelques bons titres, la cohérence musicale du Canaro des années 1930 est bel et bien perdue.

Pour finir, remercions Canaro pour les quelques titres qu'il a enregistrés avec la merveilleuse chanteuse **Nelly Omar** en 1946-1947. Bien qu'Omar ait réalisé la majeure partie de sa carrière comme chanteuse solo accompagnée par des guitares, elle chante ici comme *cantora de orquesta*, chanteuse d'orchestre. Les arrangements sont d'une richesse remarquable, au contraire du reste de son travail de l'époque. Le délicieux ***Adiós pampa mía*** montre comment Omar était capable de faire surgir une mélodie dès les premières mesures.

Cinq titres « fantaisie »

1923 : **Tutankhamon**. José Bohr est devenu célèbre pour la scie musicale qu'il découvrit par hasard dans l'atelier de piano d'un ami. Après l'avoir entendu exécuter ce fox-trot, Canaro lui proposa de venir le jouer comme soliste dans son orchestre. Il en vendit 23 000 exemplaires. Lorsque Canaro se produisit à Paris en 1925, son frère Rafael vint le seconder à la scie musicale, et d'autres orchestres européens tels que l'Ensemble de Tango Viraldi à l'Hôtel Savoy de Londres suivirent son exemple. On peut aussi entendre une scie musicale dans **Pilcha bruja** de Firpo (1930) et dans **La cumparsita** de la Típica Brunswick (1931).

Daniel Melingo a réintroduit la scie musicale dans son album de 2009 « Maldito Tango » et l'a mise à l'affiche de sa tournée.

1926 : **Aserrín, aserrán** (sciure, sciant): pas de scie musicale cette fois, mais un *tango dialogado* – un tango avec dialogue parlé, l'une des chansons enregistrées par l'orchestre de **Bianco-Bachicha**, basé à Paris. C'est peut-être le premier enregistrement électrique de ce type, mais la tradition en est bien plus ancienne **Al gran bonete** (1920) par Firpo (1920) met en musique un jeu d'enfants, et Gobbi senior a enregistré un *tango dialogado* dès 1907.

1933 : **Milonga sentimental** (Piana / Manzi). Pour être franc, Canaro a sans doute essayé ce titre comme une pièce fantaisie, mais ce fut un succès auprès des danseurs et le reste relève de l'histoire.

1935 : **Tangón**. Ce morceau bien rythmé, écrit par Canaro et Pelay pour l'une de leurs représentations, a été presque oublié jusqu'à sa réédition en 2003 par une petite maison de disque anglaise.

1947 : **Angelitos negros** (Petits anges noirs): un tango sur le racisme, dont les paroles sont tirées d'une œuvre du poète Vénézuélien Andrés Eloy Blanco, qui inspira un film mexicain tourné à l'époque. Ce thème est toujours joué de nos jours, il fait par exemple partie du répertoire de la superstar du flamenco Diego 'El Cigala'. Si vous le le connaissez pas, cherchez-le – il a même enregistré un disque de tango.

Francisco Canaro : plan de ses enregistrements (1926-1947)

Avec une telle quantité d'œuvres et de chanteurs, il est difficile de cerner la production de Canaro. Le tableau qui suit regroupe les meilleures années pour chaque chanteur, et signale en grisé si leur écoute est recommandée.

Il y a aussi de bons titres – et même quelques-uns de nos favoris – dans les années que nous ne recommandons pas. Canaro n'a jamais perdu sa capacité à répondre aux attentes du public. Mais le but de ce tableau est simplement de vous orienter vers son travail le plus accompli.

Il peut y avoir dans ce tableau quelques surprises qui sont seulement d'ordre personnel.

Vous constaterez par exemple que je ne recommande pas les instrumentaux de Canaro à partir de 1936. De fait, Canaro était un maître dans les années 1920 et la première partie des années 1930 mais à cette époque il a l'air terne sans la voix suave de Maida. Je n'aime pas non plus les enregistrements de 1927 avec Irusta, ce qui est dommage vu leur nombre. Irusta adoptait alors un ton excessivement nasal – le style de l'époque – probablement comme un reste de l'ère pré-électrique pendant laquelle les exécutants devaient chanter bien plus fort, mais ce style n'a pas bien vieilli. Les enregistrements de 1932 semblent plus naturels.

Pour résumer, tout est bon avec Charlo ou Maida, mais avec Famá, hormis les valses et les milongas, cantonnez-vous à 1939 et aux années antérieures.

Si vous avez besoin de la date d'un enregistrement donné, il vous faut une discographie. Celle de Christoph Lanner est excellente et disponible en ligne :

http://sites.google.com/site/franciscocanarodiscography/

Christoph a réalisé un travail considérable pour préparer cette discographie qui est la meilleure à notre disposition. Il la met régulièrement à jour, mais ceci change la numérotation et tant que cette dernière est en vigueur, on ne peut l'utiliser comme référence.

Francisco Canaro : plan des enregistrements (1926-1948)

Année	26	27	28	29	30	31	32	33	34	35	36	37	38	39	40	41	42	43	44	45	46	47	48
(Instrumental)	×	×	×	×	×	×	×	×	×	×	×	×	×	×	×	×	×	×	×	×	×	×	×
Agustín Irusta		×					×																
Charlo			×	×	×	×																	
Ada Falcón				×	×	×																	
Luis Díaz					×																		
Ernesto Famá							×	×	×														
Roberto Maida										×	×	×	×										
Francisco Amor														×	×	×							
Eduardo Adrián																	×	×	×				
Carlos Roldán																	×	×	×	×			
Guillermo Coral																				×	×		
Alberto Arenas																				×	×	×	×
Enrique Lucero																					×	×	×
Nelly Omar																					×	×	

Francisco Canaro : *La cumparsita*

Canaro a enregistré ***La cumparsita*** à de nombreuses reprises. Il y a eu trois versions anciennes, en 1927, 1929 et 1933, chacune d'elles étant associée à ***El entrerriano***. Quand Odeón réédita les nouvelles versions, ils utilisèrent le même numéro de référence (4262-B) et réutilisèrent même le numéro de matrice, #379 avec un suffixe, ce qui indique habituellement une nouvelle prise. Tout ceci conduisit à une grande confusion, en effet le numéro de référence ne permet plus de déterminer de quel enregistrement il s'agit.

#379   17-02-1927 4262-B
#379/1 17-04-1929 non publié (« inédito »)
#379/2 17-04-1929 4262-B Serie sinfónica
#379/3 14-02-1933 4262-B Serie sinfónica
#379/4 14-02-1933 non publié (« inédito »)

Pouvons-nous nous fier au numéro de matrice ? Le problème est que le suffixe n'est que rarement imprimé sur le label. Il en résulte que la version la plus répandue (celle de 1929) est souvent à tort attribuée à 1927. Quoi qu'il en soit, presque toutes les versions sur CD reprennent celle de 1929. La version de 1933 (éditée sur CD par Blue Moon / el bandoneón) est très semblable mais on la reconnaît grâce aux syncopes sous-jacentes au solo de bandonéon qui commence à 1'00".

La version de 1927, difficile à trouver, est bien différente. Le tempo est plus lent, elle sonne comme un sextuor plus que comme un orchestre, et au bout d'une minute, ce n'est pas le bandonéon mais le violon solo que l'on entend, celui qui devient le solo final dans les versions ultérieures (y compris celles de D'Arienzo).

Francisco Canaro : que faut-il écouter ?

Voilà une question difficile, en effet les années avec Maida sont mal représentées en CD. Il nous faut aller jusqu'à recommander des albums mp3. Tout d'abord, l'essentiel :

mp3	Yesteryears	YY0172	Nights in Buenos Aires *	2010
CD	Reliquias	235393	Canta Roberto Maida vol.2	2008
CD	Reliquias	541691	Sus éxitos con Roberto Maida	2003
CD	Reliquias	595159	Bailando tangos, valses y milongas	2003
mp3	Mundo Latino		The Roots of Tango : Desconfiale	2012

* Il s'agit d'une réédition mp3 d'un CD du label ASV Living Era, 'La Cumparsita'. Les pistes couvrent les années 1935-1939 et contiennent le meilleur des enregistrements de 1939.

Ensuite, des albums couvrant le meilleur des années 1940 et suivantes :

CD	Reliquias	541692	Sus éxitos con Ernesto Famá	2002
CD	Reliquias	235394	Canta Ernesto Famá vol.2	2002
CD	Reliquias	837414	Desde el alma	1996
CD	Reliquias	541690	Milongueando con Canaro	2002

Il y en a encore bien plus pour cette période. Allez sur le site www.milonga.co.uk pour plus de suggestions.

6 / Miguel Caló & Raúl Berón : comme un cœur qui bat

Guide d'écoute

ORQUESTA MIGUEL CALÓ

1/ Al compás del corazón (1942)
canta: Raúl Berón

2/ Ya sale el tren (1943) canta: Jorge Ortiz

3/ Si tú quisieras (1943) canta: Alberto Podestá

4/ Qué falta que me hacés (1963)
canta: Alberto Podestá

5/ Mañana iré temprano (1943)
canta: Raúl Iriarte

Fin 1941, l'avenir de Miguel Caló semblait assuré. Il s'était efforcé de réunir un orchestre de merveilleux musiciens, si bon qu'on l'appellera plus tard « l'orchestre des étoiles ». Il avait découvert et était en train de former deux jeunes chanteurs pleins de promesses, Alberto Podestá et Raúl Berón. Il avait un contrat à la radio. Et il enregistrait à nouveau après une interruption de deux ans. Deux 78 tours seulement dans l'année, certes, mais ce n'était qu'un début. 1942 serait-elle une encore meilleure année ?

Soudain, ce fut le désastre. Carlos Di Sarli débaucha son meilleur chanteur, Alberto Podestá, celui que Caló avait choisi pour enregistrer. Malgré son mécontentement, que pouvait faire Caló ? Chanter pour Di Sarli était une belle promotion pour Podestá, à la fois financièrement et en termes de prestige.

En même temps, à la radio, on émettait des doutes sur le style de son autre chanteur, **Raúl Berón**. Sa voix était aux antipodes des voix célèbres et prisées du moment : dramatiques, puissantes, comme celles de Francisco Fiorentino, Alberto Echagüe ou Roberto Rufino. Avec son style onctueux et velouté, la voix de Berón se rapprochait plus de celle d'un crooner – plus proche de Bing Crosby ou de Charles Trenet que du tango proprement dit.

Miguel Caló savait parfaitement que la voix de Berón était différente et qu'elle aurait besoin d'un autre environnement musical. Aussi, en avril, il risqua le tout pour le tout et lors d'une de ses rares séances en studio enregistra la voix de Berón dans un tango nouveau et inhabituel dont Homero Expósito avait écrit les paroles. L'arrangement était construit autour de la voix de Berón ; plus moelleux, plus lent et romantique – mais pas dans un sens excessif ou extravagant – que tout ce qu'ils avaient essayé auparavant.

La grande innovation de ce tango était le texte chanté. Loin du monde familier du tango, fait de chagrin et de cœurs brisés, il décrivait une romance naissante pleine de joie, d'espoir et d'innocence. On avait déjà entendu des tangos avec des textes optimistes, mais rien de tel. L'arrangement concentrait l'attention sur la performance de Berón qu'on imagine chanter suavement tout près du micro. Il y avait là un risque que Caló assumait.

A la radio, les employeurs de Caló lui demandèrent de virer Berón. Les contrats en jeu étaient substantiels et à son grand regret, Caló vit qu'il n'avait pas le choix. Il annonça à Berón qu'il devrait partir à la fin du mois.

Alors il se passa quelque chose d'inattendu : le disque sortit et le nouveau tango eut du succès auprès du public. Et même un énorme succès – l'ironie veut qu'il fut bien plus grand que la version enregistrée au même moment par Carlos Di Sarli et Alberto Podestá. Du jour au lendemain, tout s'était mis en place pour Caló. Il avait non seulement enregistré un tube, trouvé un chanteur, mais il avait défini son style personnel : romantique et suave, chic et élégant, mais toujours fluide et naturel.

Ce nouveau tango s'appelait **Al compás del corazón** (*Comme un cœur qui bat*). Il marque une évolution, non seulement dans le tango mais aussi dans les émotions d'un peuple et d'une ville.

Berón, qui était avec l'orchestre depuis 1939, finit l'année avec celui-ci, enregistrant 15 titres immortels avant de tenter sa chance avec Lucio Demare. Même s'il revint au bout d'un peu plus d'un an, c'était dommage car le duo Caló-Berón était au mieux de sa forme et avait véritablement capté l'état d'esprit du public. Les enregistrements avec Demare sont de bonne qualité, mais pas du même niveau.

Historiquement, il y a de bonnes raisons pour être redevable au duo Raúl Berón-Miguel Caló. Sans Berón, la formation de Caló n'aurait jamais eu le même succès ni atteint la même notoriété. En cas d'échec de **Al compás del corazón**, Berón aurait été remercié et l'orchestre de Caló aurait pris une autre direction, d'un style moins aventureux et avec un chanteur différent. Peut-être resterait-il dans notre mémoire comme ces orchestres moins prisés tels que celui de Ricardo Malerba.

Les autres chanteurs de Caló

Pendant l'année « sabbatique » de Berón avec Demare en 1943, Caló fit l'expérience d'autres chanteurs. Il essaya d'abord **Jorge Ortiz**, dont la voix forte donna une autre couleur à l'orchestre. Ortiz ne resta que six mois et il enregistra sept titres, mais ils ont passé l'épreuve du temps : écoutez par exemple *Ya sale el tren* (*Le train va partir*), avec dans la phrase d'ouverture un travail fantastique de tous les musiciens, particulièrement le pianiste Osmar Maderna, tandis qu'ils imitent le bruit d'un train à vapeur qui s'ébranle. On a du mal à croire que cette même voix convenait parfaitement à Rodolfo Biagi, et de nos jours on peut regretter que Caló et Ortiz n'aient pas plus enregistré ensemble. Alberto Podestá aussi quitta provisoirement Di Sarli (avec qui il n'était pas très heureux) pour graver deux titres avec l'orchestre de Caló, tous les deux époustouflants : *Percal* et *Si tú quisieras*.

Après Ortiz, Caló se tourna vers **Raúl Iriarte** qui était beaucoup plus dans la veine de Raúl Berón. Iriarte a été un élément stable de l'orchestre jusqu'à la fin de 1947, hormis une courte escapade à la fin de 1945 lorsque Caló dut restructurer entièrement sa formation.

L'orchestre aux étoiles

Pour son orchestre, Miguel Caló assembla des musiciens créatifs, dont beaucoup étaient aussi compositeurs. Il était surnommé « L'orchestre aux étoiles » ; une grande partie du répertoire provient de ces musiciens. C'est la première chose dont on se souvient aujourd'hui au sujet de cet ensemble, mais la contribution de Berón est tout aussi importante. Sans lui nous serions loin de prêter une telle attention à cet orchestre.

Au milieu des années 1940, la scène du tango à Buenos Aires avait mûri. Il y avait un grand nombre d'orchestres et une multitude de danseurs, et beaucoup de partenariats entre musiciens furent dissous lorsque certains décidèrent de suivre leur propre voie, souvent pour jouer une musique plus personnelle.

C'est ce qui arriva à l'orchestre de Caló en 1945 : son orchestre d'étoiles explosa comme une supernova ! Le premier à partir fut son pianiste Osmar Maderna, qui claqua la porte sur une dispute, emmenant avec lui le chanteur Raúl Iriarte. Ceci précipita le départ du violoniste vedette Enrique Francini, en même temps que son premier bandonéon Armando Pontier, les deux hommes projetant déjà depuis quelque temps de lancer leur propre affaire ensemble. Ici la séparation se fit à l'amiable, mais Caló avait tout bonnement perdu son pianiste, son premier violon et son premier bandonéon ainsi que l'un de ses chanteurs. Il avait cependant tous ses arrangements. Il mit sur pied une nouvelle formation avec **Roberto Arrieta** dont la voix sonnait de manière remarquablement similaire. Mais bien qu'il produisît encore quelques succès (tels que le *Qué falta que me hacés !* de 1963, de nouveau avec Podestá), la qualité n'était plus la même. Une page avait été tournée.

On peut supposer que les musiciens était contents de ce qu'ils avaient entrepris, en revanche, pour les danseurs, le résultat n'était pas franchement satisfaisant. Prenons Osmar Maderna. Tandis que sa propre formation a mis en valeur son jeu de piano d'une manière peu appréciée de nos jours, sa contribution au son de Caló a été immense. Ecoutez dans l'accompagnement du chanteur combien il se met au service de l'orchestre. Pour l'apprécier, le mieux est de choisir un morceau sans Berón parce que la suavité de l'arrangement et de la voix très proche y occulte ce qui se passe à l'arrière-plan. Ecoutons *Si tú quisieras* de 1943 avec Alberto Podestá, revenu avant de partir de nouveau, cette fois chez Pedro Laurenz. Le piano est partout entre les phrases, avec des interventions délicates et retenues et juste un peu de rythme. Pas trop : c'est Caló.

Comme beaucoup d'orchestres, celui de Caló possède sa signature, une façon à lui de finir le morceau, et en l'occurrence c'est la patte d'Osmar Maderna. Caló met à profit le temps de retard que nous avons déjà remarqué chez Pugliese et Tanturi, non pas POM-POM, mais POM - (pause) - pom. Chez Caló, le second accord est joué par Maderna, qui délivre un trille délicat au piano. Ecoutez attentivement et vous l'entendrez jouer encore un autre accord très doucement à la fin. Si vous pouvez graver un CD de Caló sur votre ordinateur, amusez-vous à écouter la fin de n'importe quel tango de Caló, et tous finissent bien de cette manière. POM (pause) - prrom... ting !

Miguel Caló en CD : que faut-il écouter ?

Toute la musique de l'époque de l'orchestre aux étoiles mérite d'être écoutée, même si comme toujours les premières années sont les meilleures :

| Reliquias | 837413 | Caló/Berón : Al compás del corazón | 1996 |
| Reliquias | 499969 | Sus éxitos con Podestá, Ortiz y Berón | 1999 |

Il est ensuite temps d'explorer les enregistrements effectués avec Iriarte, dont la moitié seulement (les meilleurs) proviennent de l'orchestre aux étoiles : par exemple ***Mañana iré temprano*** avec sa délicieuse introduction au piano d'Osmar Maderna. On les trouve sur deux CD :

| Reliquias | 837413 | Sus éxitos con Raúl Iriarte | 1998 |
| Reliquias | 499969 | Sus éxitos con Raúl Iriarte vol.2 | 1999 |

Alberto Podestá réintégra brièvement l'orchestre en 1954 et en 1963, et les titres que Caló enregistra avec lui comptent parmi ses meilleurs après l'Age d'Or. La qualité de la voix de Podestá tire l'orchestre vers le haut, vers un niveau supérieur. Quelques-uns des morceaux instrumentaux sont très bons, sans être exceptionnels, et on peut les trouver sur cet album :

| EMI | 371964 | From Argentina to the World – Miguel Caló | 2006 |

La discographie de Miguel Calo de 1941 à 1943

27	12.03.41	Yo soy el tango	Alberto Podestá	
28	12.03.41	Bajo un cielo de estrellas	Alberto Podestá	vals
29	31.07.41	Dos fracasos	Alberto Podestá	
30	31.07.41	Me casé con un sargento	Alberto Podestá	polca
31	29.04.42	El vals soñador	Raúl Berón	vals
32	29.04.42	Al compás del corazón	Raúl Berón	
33	30.06.42	Qué te importa que te llore	Raúl Berón	
34	30.06.42	Trasnochando	Raúl Berón	
35	27.07.42	Tarareando	Raúl Berón	
36	29.07.42	Lejos de Buenos Aires	Raúl Berón	
37	02.09.42	Pedacito de cielo	Alberto Podestá	vals
38	02.09.42	Tristezas de la calle Corrientes	Raúl Berón	
39	09.09.42	Milonga que peina canas	Raúl Berón	milonga
40	09.09.42	Margarita Gauthier	Raúl Berón	
41	29.09.42	Azabache	Raúl Berón	candombe
42	29.09.42	Corazón, no le hagas caso	Raúl Berón	
43	09.10.42	Un crimen	Raúl Berón	
44	09.10.42	Jamás retornarás	Raúl Berón	
45	01.12.42	Milonga antigua	Raúl Berón	milonga
46	01.12.42	Cuatro compases	Raúl Berón	
47	19.01.43	Barrio de tango	Jorge Ortiz	
48	19.01.43	Pa' que seguir	Jorge Ortiz	
49	20.01.43	Inspiración		
50	20.01.43	A las 7 en el café	Jorge Ortiz	
51	25.02.43	Percal	Alberto Podestá	
52	25.02.43	Ya sale el tren	Jorge Ortiz	
53	18.03.43	Si tú quisieras	Alberto Podestá	
54	18.03.43	A Martín Fierro		
55	17.05.43	De barro	Jorge Ortiz	
56	17.05.43	Es en vano llorar	Raúl Iriarte	
57	21.05.43	Mi cantar	Jorge Ortiz	
58	21.05.43	Cuando tallan los recuerdos	Raúl Iriarte	
59	10.06.43	Pobre negra	Jorge Ortiz	milonga
60	10.06.43	Cuento azul	Raúl Iriarte	
61	10.08.43	Mañana iré temprano	Raúl Iriarte	
62	10.08.43	La maleva		
63	10.08.43	Tango y copas (Otro tango)	Raúl Iriarte	
64	16.09.43	Cada día te extraño más	Raúl Iriarte	
65	28.09.43	Verdemar	Raúl Iriarte	
66	19.10.43	Luna de plata	Raúl Iriarte	vals
67	23.11.43	A mí me llaman Juan Tango	Raúl Iriarte	
68	29.11.43	Gime el viento	Raúl Iriarte	
69	27.12.43	Elegante papirusa		
70	27.12.43	Marión	Raúl Iriarte	

7 / Les deux anges : Ángel D'Agostino & Ángel Vargas

Guide d'écoute

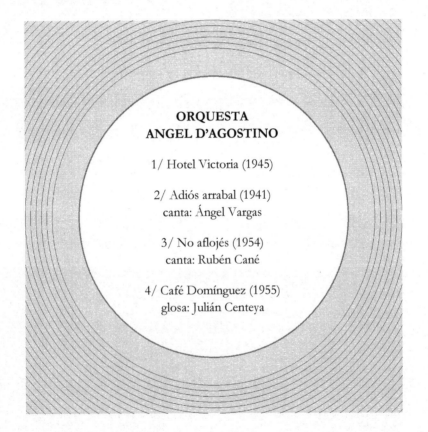

ORQUESTA ANGEL D'AGOSTINO

1/ Hotel Victoria (1945)

2/ Adiós arrabal (1941)
canta: Ángel Vargas

3/ No aflojés (1954)
canta: Rubén Cané

4/ Café Domínguez (1955)
glosa: Julián Centeya

Les deux anges

Il est temps de raconter une histoire sans aucun rebondissement ! C'est celle des deux Anges : le pianiste Ángel D'Agostino et son chanteur Ángel Vargas, qui ont noué le partenariat le plus célèbre et le plus stable du tango. Leur musique sobre et élégante a toujours les faveurs des *milongueros* du monde entier. Jamais un orchestre et son chanteur n'ont été associés de façon aussi étroite. D'Agostino a enregistré tellement peu de tangos instrumentaux qu'on cite d'habitude leurs deux noms d'un seul trait : D'Agostino-Vargas. Il m'a fallu des années pour réaliser que c'était D'Agostino qui dirigeait l'orchestre.

Ils ont gravé 94 titres de 1940 à 1946, dans un flux presque ininterrompu. C'est un vrai record : aucun des grands partenariats que nous avons vus jusqu'à présent n'a autant enregistré.

Pour faire court, disons que la musique elle-même n'est pas sophistiquée. Elle est sobre, savoureuse et subtile. D'Agostino évite à la fois les compositions foisonnantes de Troilo et Laurenz, en même temps que le tranchant de D'Arienzo et Biagi, mais il réussit toutefois à animer l'un des orchestres les plus intéressants qui soient sur les plans rythmique et lyrique.

Sur le plan rythmique, cet intérêt naît du piano simple et élégant de D'Agostino, tandis que sur le plan lyrique il réside principalement dans la voix d'Ángel Vargas. Comme tous les grands chanteurs, il ne se contentait pas d'interpréter les chansons à la mode mais il choisissait son répertoire avec le plus grand soin. La discographie révèle quelque chose de très intéressant : parmi les 94 titres, seule une poignée d'entre eux a été enregistrée par d'autres orchestres. C'est assez surprenant. Nous savons que le répertoire instrumental (par exemple de D'Arienzo) était différent du répertoire vocal (par exemple de Troilo), mais D'Agostino et Vargas semblent avoir trouvé une troisième voie. Le répertoire raffiné et nostalgique est fortement influencé par les textes du poète Enrique Cadícamo.

Ecoutez la voix de Vargas et voyez comme il combine les éléments de deux écoles. Il possède la voix nasale et le phrasé populaire d'un

Alberto Echagüe (D'Arienzo) ou d'un Alberto Castillo (Tanturi) mais son élégance n'a d'égale que celle de Fiorentino (le chanteur emblématique de Troilo). Le style de Vargas est viril mais ce n'est pas une « grosse » voix, et, de ce point de vue, il se marie bien avec D'Agostino.

Si vous découvrez la musique de D'Agostino et Vargas, le mieux est de commencer avec le tango **Hotel Victoria**. Ce choix n'est pas spécialement motivé par Vargas – il est tout simplement parfait dans tous ses enregistrements – mais parce que l'arrangement laisse plus de place que d'habitude au piano élégant de D'Agostino. Ce tango commence avec des accords tout simples au piano qui parcourent le registre des basses. Les autres instruments arrivent petit à petit, et cette ouverture sensibilise nos oreilles à ce que nous propose D'Agostino.

Quand le second thème est introduit, D'Agostino se permet la plus subtile des pirouettes musicales : à environ 0'39", dans ce morceau, il relie deux phrases non pas par un trille ou un motif mais par une seule note au piano, à un moment laissé par ailleurs libre et silencieux. Voici une astuce qui caractérise aussi son style.

Une fois Vargas entré, D'Agostino lie les phrases de son chanteur avec les touches les plus délicates. L'ensemble possède une clarté limpide, comme une rivière en été. Tout au long du tango on entend un dialogue exquis entre les instruments : par exemple, le trille au piano que le violon copie par un pizzicato juste avant l'entrée de Vargas.

Voici un autre chef-d'œuvre d'orchestration par D'Agostino, qui en a lui-même écrit l'arrangement : écoutez **Adiós arrabal**. On y découvre une série de petites conversations entre les différentes sections de l'orchestre.

A	violon – piano bandonéon – piano violon – piano orchestre – *pont*
B	bandonéon – violon (x2) bandonéon – *pont au piano* orchestre – piano (x2) orchestre – *pont*
A	Vargas – bandonéon
B	violon – bandonéon violon – bandonéon – *pont au piano* violon – piano violon – piano – *pont*
A	Vargas – piano
B	Vargas + violon – orchestre Vargas + violon – piano

Dialogues dans *Adiós arrabal* par D'Agostino (simplifié)

Pour finir, il faut souligner que la musique, malgré sa sobriété, est très intéressante pour le danseur sur le plan rythmique. D'Agostino mentionna dans une interview qu'il y portait une attention particulière, mais vos oreilles vous le prouvent. La musique possède des *cortes* ludiques et aussi des syncopes, toutes jouées avec une subtilité et une retenue caractéristiques. Grâce à ces qualités, c'est une musique dont on ne se lasse jamais et c'est l'un des orchestres les plus prisés dans les milongas traditionnelles de Buenos Aires, surtout en journée.

Vargas est resté avec D'Agostino pendant six ans (avec de brèves interruptions) et les titres de 1946 sont presque aussi bons que les tout premiers des années 1940-1941. Le son de la musique change peu. Pourtant, comme toujours, les morceaux les plus anciens sont les meilleurs.

Il semble que Robert Duvall soit l'un de leurs fans : il a choisi trois titres de D'Agostino-Vargas pour la bande-son de son film « Assassination Tango », tous de 1941.

D'Agostino après Vargas

Le départ de Vargas clôt un chapitre monumental de l'histoire de la musique de tango. D'Agostino lui trouvera des remplaçants convenables et poursuivra sa voie. Comme Carlos Di Sarli, il demeurera fidèle pendant toute sa carrière à ses conceptions musicales et son ensemble reste un orchestre de bal jusque dans les années 1950. Bien que les derniers titres aient quelque peu perdu la subtilité des débuts, ils ont plus de force et restent dansables, même sans la voix d'Ángel Vargas. **Rubén Cané** a visiblement été choisi pour sa proximité avec la voix de ce dernier, tandis que **Tino García** a été choisi à juste titre pour le contraste.

D'Agostino-Vargas en CD / mp3 : que faut-il écouter ?

Par chance ces enregistrements sont faciles à trouver, mais pas toujours avec la meilleure fidélité. Les meilleurs CD édités jusqu'à présent sont les deux albums de l'ancien 'FM Tango'[14]. Après qu'ils furent épuisés, le populaire album D'Agostino-Vargas 'RCA Victor 100 Años' les a remplacés de façon opportune, bien qu'avec un peu de recul les transferts apparaissent comme trop propres.

Il y a quatre CD du label BMG 'Tango Argentino' qui présentent les œuvres des années 1940, et il faut tous se les procurer, en commençant par le volume 1. Toutefois, la nouvelle compilation par le label français 'Le chant du monde' est encore meilleure, dans sa série 'Les Maîtres du Tango'. Elle inclut la version stupéfiante de 1955 de **Café Domínguez**, une des seules *glosas* ayant été enregistrées (une *glosa* est un poème lyrique écrit pour être déclamé au début du tango). Comme d'habitude, la *glosa* n'est pas chantée par le vocaliste de l'orchestre ; dans le cas présent elle est lue par le poète

---

[14] FM Tango était une radio de tango au début des années 1990. BMG Argentina tout comme EMI Odeón Argentina produisirent une série de CD sous ce sigle

Les deux anges

Julián Centeya. Ce morceau révèle une autre facette de l'orchestre et il démontre que pour D'Agostino, la vie continuait sans Vargas.

Euro Records avait publié trois CD qui présentaient une compilation de titres des années 1940 et 1950. Ils sont tous malheureusement épuisés mais sont disponibles en mp3. L'un d'entre eux comporte un transfert original de *Café Domínguez* à partir de la matrice.

CD	lcdm	2742313	Café Domínguez [The Masters of Tango]	2013
CD	BMG	41291	Tangos de los Angeles - vol.1	1996
mp3	RCA		Serie 78 RPM : Angel D'Agostino vol.3	2011
CD	BMG	41292	Tangos de los Angeles - vol.2	1996
CD	BMG	63357	Tangos de los Angeles - vol.3	1996
CD	BMG	63358	Tangos de los Angeles - vol.4	1996
mp3	RCA		Serie 78 RPM : Angel D'Agostino vol.1	2011
mp3	RCA		Serie 78 RPM : Angel D'Agostino vol.2	2011

Attention avec le tango *No aflojés* ! C'est l'un des rares titres que D'Agostino enregistra deux fois, et la version de 1953 avec Ruben Cané est souvent référencée de manière erronée comme étant chantée par Ángel Vargas qui, lui, la grava lors de la toute première séance d'enregistrement en 1940. Même EMI Argentina a commis cette erreur sur le CD de 'FM Tango'. Qu'une telle méprise soit possible témoigne du talent de Cané et du niveau d'excellence à Buenos Aires.

8/ Ricardo Tanturi : voici comment on danse le tango !

Guide d'écoute

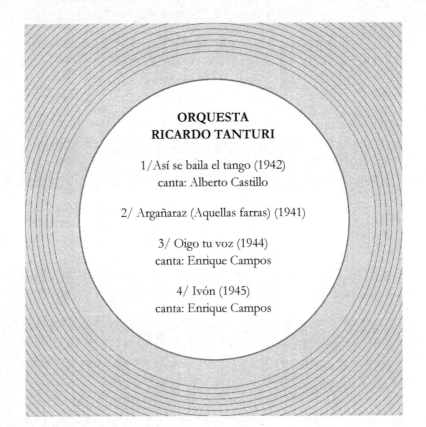

ORQUESTA RICARDO TANTURI

1/ Así se baila el tango (1942)
canta: Alberto Castillo

2/ Argañaraz (Aquellas farras) (1941)

3/ Oigo tu voz (1944)
canta: Enrique Campos

4/ Ivón (1945)
canta: Enrique Campos

Peut-on imaginer qu'interpréter un tango puisse causer une bagarre ? Eh bien, c'est arrivé, et plus d'une fois, même si comme toutes les bonnes histoires, elle a été quelque peu exagérée. Il s'agissait du tango **Así se baila el tango** – voici comment on danse le tango – et les paroles provocatrices était prononcées par Alberto Castillo, le chanteur flamboyant de l'orchestre de Ricardo Tanturi.

Qui était Tanturi, et qu'avait donc de spécial son orchestre, hormis le fait qu'il portait le nom d'une équipe de polo (Los Indios) ?

C'est une bonne question, parce qu'il y a beaucoup de choses que Tanturi n'est pas. D'abord, son orchestre n'est pas lyrique. Il possède la rythmique forte et claire de D'Arienzo, mais avec moins de nuances. Ricardo Tanturi dirige depuis le piano (jusqu'à fin 1939 – ensuite ce sera **Armando Posadas** qui joue dans le même style), mais ce n'est pas un virtuose, pas plus que ses musiciens. Il fait dans la simplicité. Son piano est puissant et musclé, il le fait vraiment claquer ! En comparaison avec D'Arienzo, la section de bandonéons est sous-employée, d'ailleurs Tanturi écourte la *variación* et il donne plus de place aux violons.

Peut-être à cause de son manque de virtuosité, Tanturi développe d'autres qualités, qui peuvent d'ailleurs rappeler D'Agostino : une certaine simplicité et du respect pour la mélodie. Et c'est ce respect qui sauve Tanturi de l'ennui, même dans les pièces instrumentales, qu'il limite au minimum, il faut bien le dire. Tanturi n'a pratiquement plus enregistré d'instrumentaux après 1941. Ces pièces des débuts, telle que **Argañaraz (Aquellas farras)** peuvent être difficiles à trouver en disque, mais elles sont rapides et entraînantes.

Et lorsqu'on en vient aux tangos chantés, le fait est que Tanturi dispose de deux fabuleux chanteurs.

Le premier s'appelle Alberto Castillo. Voici comment ils se sont rencontrés. Tanturi était dentiste et travaillait à l'Hôpital Alvear. En 1941, il s'y produisit lors d'un bal et ses collègues lui dirent qu'il devait absolument écouter chanter ce jeune étudiant en médecine. Son nom était Alberto Castillo. Tanturi, conquis, l'engagea aussitôt.

Castillo était un personnage, mais avant tout un chanteur de talent doté d'un merveilleux phrasé. Sa voix est de celle que nous qualifions de *canyengue* : pleine de gouaille et d'aplomb, pour un homme cela implique une tonalité nasale. Nous avons dit de même à propos du chanteur le plus fameux de D'Arienzo, Alberto Echagüe, mais Castillo a plus de feeling et un phrasé incroyable. Il sait à merveille tracer une ligne mélodique.

En plus, Alberto Castillo était un véritable comédien, et c'est peu de le dire. Sur scène, Castillo campait un personnage crâneur et viril, arborant des vêtements tape-à-l'œil aux larges revers, avec un mouchoir dans la poche supérieure, le bouton du haut défait. Il était toujours très impliqué dans son interprétation et communiquait avec le public avec des gestes exagérés. L'impression était celle d'un homme de la rue parvenu sur le devant de la scène.

Castillo obtint son diplôme en 1942 et il commença à exercer comme gynécologue. Avec son succès dans l'orchestre de Tanturi commença pour lui une double vie. Le jour il était Alberto De Luca, gynécologue, la nuit Alberto Castillo, chanteur de tango. Toutefois il devint rapidement de notoriété publique qu'il s'agissait d'une seule et même personne, et Castillo vit sa salle d'attente remplie de dames de tous âges désirant être examinées par le docteur. Il dut abandonner sa pratique médicale et se consacrer entièrement au tango.

Pour Tanturi-Castillo, 1942 fut une année en or, riche en grands succès. L'un d'eux, le plus connu, est **Así se baila el tango** (*voici comment on danse le tango*). Les paroles chantent les louanges du tango et de ceux qui le dansent, et qui le dansent bien. Elles nous disent comment le danser, et aussi comment ne pas le danser. Castillo chantait tout ceci avec force gestes, de sorte que pour ses auditeurs la catégorie à laquelle ils appartenaient était tout à fait claire – ceux qui savent ou ceux qui ne savent pas :

> *Que savent ces jolis garçons bien apprêtés, bien habillés ?*
> *Que savent-ils du tango, de son tempo ?*

Le texte loue le vrai danseur tout en se moquant de la jeunesse dorée comme s'il s'agissait de costumes vides. On peut imaginer que l'effet produit dépendait beaucoup de la manière de le dire, et Castillo était quelqu'un d'espiègle. Ceux qui l'ont vu se souviennent qu'il joignait le geste à la parole, imitant ceux que les paroles tournaient en dérision. Un journaliste parla de « lancer de pétard dans un plat de spaghetti ». Bien entendu, Castillo niait tout en bloc.

Toute publicité est bonne à prendre, et Tanturi ne songeait pas à se formaliser, car ce tango était un grand, un très grand succès. Ils enregistrèrent ensemble 37 titres avant que Castillo ne parte en mai 1943 pour une carrière en solo. Il s'avère que ce fut profitable aux deux hommes mais ce ne fut pas une séparation à l'amiable : Tanturi dit à Castillo qu'il allait mourir de faim. Il avait tort. En bon artiste de scène, Castillo incorpora le *candombe à* son répertoire et peupla le plateau de danseurs noirs. Le succès fut énorme et Castillo devint l'un des chanteurs les plus célèbres du moment. Ses fans le suivaient dans ses tournées comme des « supporters » de football, et il arriva même une fois qu'ils bloquent la rue devant le théâtre où il se produisait.

Il fallait un nouveau chanteur à Tanturi, et rapidement. Il organisa des auditions au cours desquelles un seul candidat eut la force de caractère de ne pas imiter le style de Castillo. C'était un jeune Uruguayen du nom d'Enrique Troncone, et il décrocha le job. Enrique se produisait sous le nom d'Enrique Ruiz, mais Tanturi craignait que le public puisse le confondre avec les autres chanteurs nommés Ruiz. Ouvrant au hasard un annuaire de téléphone, il choisit le nom d'**Enrique Campos**.

Deuxième époque : Tanturi – Campos

L'instinct de Tanturi ne l'avait pas trompé. Comme Castillo avant lui, Campos était doté d'une forte personnalité, quoique très différente. Elle requérait une inflexion dans la manière de jouer de l'orchestre. En effet, il n'était pas composé de musiciens virtuoses et sa qualité dépendait tout spécialement du chanteur. A l'inverse de D'Arienzo qui en se séparant de Héctor Mauré revint à un style moins sophistiqué, Tanturi accepta le changement et initia un nouveau partenariat : Tanturi-Campos.

En Argentine on dit que si Castillo a la meilleure voix, Campos est préférable pour la danse. Pourquoi cela ? Quelle nouvelle direction Campos donna-t-il à l'orchestre ?

1942 : le point de basculement

Six années se sont écoulées depuis l'explosion déclenchée par D'Arienzo. La musique de tango s'est raffinée, mais un grand changement survient en 1942 : la musique commence à ralentir. C'est l'année durant laquelle Caló trouve le succès avec Berón et Di Sarli se réalise avec Podestá. Un tempo moins soutenu implique nécessairement que le rythme n'est plus prédominant et que les aspects mélodiques gagnent en importance. On peut voir les années 1936-1941 comme construisant les fondements rythmiques de la musique de tango de l'Age d'Or. Mais en parallèle, d'autres élaboraient la structure mélodique. Le passage de 1941 à 1942 est un point de basculement : à partir de 1942, c'est la mélodie qui l'emporte.

Ceci ne signifie pas que mélodie et rythme sont en conflit, ni que la mélodie est *préférable* au rythme. La mélodie repose sur le rythme, tout comme le torse repose sur les jambes.

Campos symbolise cette transition au sein de l'orchestre de Tanturi. Sa formation ne devient pas d'un seul coup un orchestre lyrique, mais il y a une inflexion. La texture de l'orchestre gagne en épaisseur et bien que le rythme soit toujours là, l'accent est clairement mis sur la mélodie. Bien que le phrasé de Campos soit très différent de celui de Castillo, comme lui il privilégie le texte chanté plutôt que les prouesses vocales. L'orchestre a la même attitude : pas de virtuosité. L'ensemble est exclusivement au service de la musique. Il est solide mais sans impétuosité. Campos lui aussi se montre très exigeant en termes de répertoire dont une bonne partie est unique, bien qu'il en partage certains titres avec Chanel et l'orchestre de Pugliese.

Il faut reconnaître que ce changement est un triomphe pour Tanturi. Il a sans doute perdu une star mais la nouvelle combinaison lui convient mieux et le succès de l'orchestre continue sur sa lancée avec 51 nouveaux titres. De nos jours Tanturi-Campos est encore plus populaire auprès des danseurs que Tanturi avec Castillo. L'orchestre possède les qualités qui font de **Una emoción** et **Oigo tu voz** des classiques du bal. Comparé aux enregistrements des débuts avec Castillo, l'ensemble a toujours une sonorité puissante, mais il ne s'agit pas seulement du piano. Les violons tout comme la texture de l'orchestre dans son ensemble ont gagné en densité. Campos dessine la mélodie avec beaucoup de caractère mais aussi une certaine retenue. L'effet obtenu est un mélange inattendu de force et de modestie.

A cette époque, un musicien d'orchestre menait une vie de bohème et en 1946, au sommet de sa notoriété, Campos se retira afin de disposer de plus de temps avec sa famille, se contentant de jouer de la guitare. Son remplaçant **Roberto Videla** est un bon chanteur mais il ne peut égaler ses prédécesseurs en termes de personnalité. Mais le véritable problème est un léger changement dans la musique : Tanturi modifie certaines de ses syncopes. Ceci se produit même avant le départ de Campos, par exemple dans **Ivón** (1945) où l'on peut sentir la note manquante dans l'introduction, derrière le solo de piano. Au lieu de **1 et (pause) 2**, on a : **(silence) et (pause) 2**, comme ceci :

| 1 | + | | 2 | | | avant 1945 |

| | + | | 2 | | | 1945 et après |

Tanturi : changement de syncope en 1945

Où est le problème direz-vous, n'est-ce pas très intéressant ? L'ennui est que la surprise est trop forte. Normalement, sur le temps 1 l'orchestre fait un *arrastre*, c'est à dire une attaque du temps qui commence par une accélération juste avant la note. Ceci indique que la syncope arrive. Sans ce premier temps, la syncope arrive sans préavis. Pour un danseur il est très difficile de le savoir, aussi ne peut-on pas réagir. C'est dommage car par ailleurs, la musique est toujours de grande qualité. Et de fait, on entend rarement ces morceaux dans les milongas.

Ricardo Tanturi en CD : que faut-il écouter ?

TARG	41295	Tanturi/Castillo - Así se baila el tango	1996
TARG	41296	Tanturi/Campos - Una emoción	1996
TARG	63357	Tanturi/Castillo - Tangos de mi ciudad	1998
TARG	63355	Tanturi/Campos - Encuentro	1998

Tanturi : discographie jusqu'au départ de Campos

#	Date	Titre	Chanteur	Genre
1	23.06.37	Tierrita		
2	23.06.37	A la luz del candil	Ortega	
3	09.06.38	Carrasco	Ortega	marcha
4	09.06.38	Gallo ciego		
5	18.11.40	La cumparsita		
6	18.11.40	Argañaraz (Aquellas farras)		
7	08.01.41	El buey solo		
8	08.01.41	Recuerdo	Castillo	vals
9	19.02.41	La vida es corta	Castillo	
10	19.02.41	Mozo guapo	Castillo	milonga
11	06.05.41	Una noche de garufa		
12	06.05.41	La serenata (mi amor)	Castillo	vals
13	16.06.41	Comparsa criolla		
14	16.06.41	Pocas palabras	Castillo	
15	07.07.41	Lágrimas		
16	07.07.41	Mi romance	Castillo	vals
17	14.08.41	Noches de Colón	Castillo	
18	14.08.41	Adiós pueblo		
19	18.09.41	Didí		
20	18.09.41	Mi morocha	Castillo	milonga
21	27.11.41	La huella		
22	27.11.41	El moro	Castillo	
23	23.12.41	Recuerdo malevo	Castillo	
24	23.12.41	Ese sos vos	Castillo	
25	18.03.42	Al compás de un tango	Castillo	
26	18.03.42	Madame Ivonne	Castillo	
27	27.05.42	Así es la milonga	Castillo	milonga
28	27.05.42	Decile que vuelva	Castillo	
29	20.07.42	La copa del olvido	Castillo	
30	20.07.42	Voz de tango (tango)	Castillo	
31	14.08.42	Esta noche me emborracho	Castillo	
32	14.08.42	El tango es el tango	Castillo	
33	15.09.42	Cómo se pianta la vida	Castillo	
34	15.09.42	Marisabel	Castillo	vals
35	22.09.42	Muñeca brava	Castillo	
36	22.09.42	Un crimen	Castillo	
37	04.11.42	Cuatro compases	Castillo	
38	04.11.42	Recuerdo		
39	04.12.42	Así se baile el tango	Castillo	
40	04.12.42	Canción de rango (pa' que se callen)	Castillo	
41	04.12.42	Moneda de cobre	Castillo	
42	04.12.42	Me llaman el zorro	Castillo	
43	02.03.43	Qué podrán decir	Castillo	

Voici comment on danse le tango !

44	02.03.43	A otra cosa che pebeta	Castillo	
45	02.03.43	A mi madre (Con los amigos)	Castillo	vals
46	02.03.43	Entre sueños		
47	16.03.43	Ya sale el tren	Castillo	
48	16.03.43	Mi piba	Castillo	
49	29.04.43	La última copa	Castillo	
50	29.04.43	Que me quiten lo bailao	Castillo	
51	07.05.43	Barajando recuerdos	Castillo	
52	07.05.43	Bailongo de los domingos	Castillo	
53	06.08.43	Muchachos comienza la ronda	Campos	
54	06.08.43	Al pasar	Campos	vals
55	06.08.43	Vieja esquina	Campos	
56	06.08.43	Por eso canto yo	Campos	
57	09.08.43	Palomita mía	Campos	
58	19.08.43	Así se canta	Campos	
59	05.10.43	Dos palabras por favor	Campos	
60	05.10.43	Qué bien te queda (Cómo has cambiado)	Campos	
61	17.11.43	Oigo tu voz	Campos	
62	17.11.43	Una emoción	Campos	
63	17.11.43	Que nunca me falte	Campos	
64	17.11.43	Malvón	Campos	
65	16.12.43	Sollozos de bandoneón	Campos	
66	16.12.43	Qué vas buscando muñeca	Campos	
67	21.01.44	Rey de tango	Campos	
68	21.01.44	Quién canta mejor que yo	Campos	milonga
69	24.03.44	Y siempre igual	Campos	
70	24.03.44	Recién	Campos	
71	27.04.44	La abandoné y no sabía	Campos	
72	27.04.44	Y como le iba contando	Campos	
73	27.04.44	Desde lejos	Campos	
74	27.04.44	Jirón de suburbio	Campos	
75	18.05.44	Calla bandoneón	Campos	
76	18.05.44	Añoranzas	Campos	vals
77	27.07.44	Si se salva el pibe	Campos	
78	27.07.44	Sombrerito	Campos	
79	28.08.44	Domingo a la noche	Campos	
80	28.08.44	Desde el alma		vals
81	29.09.44	Encuentro	Campos	
82	29.09.44	El corazón me decía	Campos	
83	14.11.44	En el salón	Campos	
84	14.11.44	Prisionero	Campos	
85	13.12.44	El taita (raza criolla)		
86	13.12.44	Igual que un bandoneón	Campos	
87	22.01.45	Esta noche al pasar	Campos	

88	22.01.45	De seis a siete	Campos	
89	19.02.45	Me besó y se fue	Campos	vals
90	19.02.45	Qué será de ti	Campos	
91	12.04.45	Igual que una sombra	Campos	
92	12.04.45	La uruguayita Lucía	Campos	
93	03.05.45	Discos de Gardel	Campos	
94	03.05.45	Giuseppe el zapatero	Campos	
95	14.06.45	El sueño del pibe	Campos	
96	14.06.45	Anselmo Laguna	Campos	
97	13.07.45	Cantor de barrio	Campos	
98	13.07.45	Bien criolla y bien porteña	Campos	milonga
99	05.09.45	Ivón	Campos	
100	05.09.45	Cuatro recuerdos	Campos	
101	23.10.45	Cuatro lágrimas	Campos	
102	23.10.45	Tu vieja ventana	Campos, Videla	vals
103	09.11.45	Calor de hogar	Campos	
104	09.11.45	Tu llamado	Videla	
105	05.12.45	Corazoncito	Videla	
106	05.12.45	Este es tu tango	Videla	
107	03.01.46	Seis días	Campos	
108	03.01.46	Soy muchacho del arrabal	Campos	
109	30.01.46	Barrio viejo	Campos, Videla	
110	30.01.46	Llévame carretero	Videla	
111	13.03.46	Así era ella muchachos	Videla	
112	13.03.46	Esta noche hay una fiesta	Campos	

Tanturi est au piano dans les quatre premiers titres. Armando Posadas le remplace par la suite.

9/ Rodolfo Biagi :
manos brujas - mains de sorcier

Guide d'écoute

**ORQUESTA
RODOLFO BIAGI**

1/ Cruz diablo (1927)

2/ Racing Club (1950)

3/ Lejos de ti (v) (1938) estribillo: Teófilo Ibáñez
4/ La chacarera (1940) estribillo: Andrés Falgás
5/ Todo te nombra (1940) estribillo: Jorge Ortiz
6/ Humillación (1941) estribillo: Jorge Ortiz
7/ A la luz del candil (1943) estribillo: Carlos Acuña
8/ Pobre negrito (Flor de Montserrat) (m)
(1945) estribillo: Alberto Amor

1 : piano solo
2-8 : avec orchestre

Mains de sorcier

En novembre 1928, à l'Opéra de Paris, Maurice Ravel inaugura une nouvelle œuvre, son Boléro. Avant la première, Ravel confia à un ami que cette pièce n'était « pas de la musique » et il prédit que les orchestres refuseraient de la programmer. Durant la première, une auditrice se leva et s'écria « Il est fou ! ». Le commentaire de Ravel fut qu'elle avait été la seule à comprendre son œuvre. Malgré cela – ou pour cette raison – le Boléro remporta un immense succès, le plus grand succès de Ravel. La musique est lancinante, presque hallucinatoire. Avec son final tragique, cauchemardesque, cette pièce a été qualifiée de *Danse Macabre*.

Dorénavant inscrite dans notre culture, elle est régulièrement choisie pour des exhibitions : souvenez-vous du « Boléro » de Torvill & Dean et de leur note maximale aux Jeux d'Hiver de 1984 ! Peut-être avez-vous vu Sylvie Guillem danser la chorégraphie de Maurice Béjart en 2002 ? Ces interprétations montrent clairement ce que les danseurs voient dans cette musique : éros et thanatos, la force de vie créatrice confrontée à la pulsion de mort. Le sexe et la mort.

Chaque fois que j'écoute Biagi, je ne peux m'empêcher de songer au Boléro de Ravel. Je pense plus particulièrement à deux morceaux instrumentaux qui encadrent sa carrière.

Vous n'avez peut-être jamais entendu parler du premier, qui est son premier enregistrement, longtemps avant qu'il ne joue avec D'Arienzo : un solo de piano de sa composition et datant de 1927 : **Cruz diablo** – la Croix du Diable. C'est le tango le plus sinistre jamais enregistré. Par son titre et son atmosphère il fait écho au célèbre blues de Robert Johnson **Crossroads** – mais en plus angoissant. J'en ai la chair de poule.

Le second est de 1950, l'enregistrement emblématique par Biagi d'un très vieux tango, **Racing Club**. Il reçoit le « traitement Biagi » complet.

Que signifie un « traitement Biagi » ? Libéré des contraintes du travail avec D'Arienzo – qui dirigeait de très près – Biagi pouvait enfin faire ce qu'il voulait. On peut entendre dans le rythme à la fois plus d'espace – la texture est plus fine – et plus d'insistance. Le *marcato* est parmi les plus extrêmes dans le tango, autant que chez Pugliese à son maximum, mais grâce à sa texture plus légère il ressort encore plus. Oserai-je dire tout haut ce que je pense tout bas ? Il est *un peu fou*, mais on se souvient que les Grecs anciens croyaient que les artistes étaient touchés par la folie, et vous savez ce que l'on dit : du génie à la folie il n'y a qu'un cheveu. Biagi était surnommé *Manos brujas*, ce qu'on traduit d'habitude par les mains *ensorcelantes* ou *envoûtantes*. C'est correct mais l'expression espagnole peut s'entendre autrement. *Bruja* veut dire sorcière. Comme adjectif cela peut se traduire par *ensorcelant*, mais le sens littéral est *sorcier*, comme par exemple dans le ballet de Manuel de Falla « El amor brujo », « L'amour sorcier ».

Manos brujas : mains de sorcier. Génie et folie ; éros et thanatos ; le sexe et la mort. Tango. Boléro de Ravel ; **Racing Club** de Biagi.

Biagi composa son orchestre peu de temps après avoir quitté D'Arienzo et son premier chanteur était un vétéran de la vieille garde, **Teófilo Ibáñez**, suivi peu après par **Andrés Falgás**. J'adore ces premiers enregistrements. On remarque particulièrement les valses rapides, un héritage de D'Arienzo qui jouait beaucoup de valses et de milongas pour pimenter les soirées. Un bon exemple est la très tonique **Lejos de ti**.

En tant qu'orchestre très rythmique, Biagi était confronté à la même difficulté que D'Arienzo avant lui : comment intégrer un chanteur lorsque le lyrisme n'est pas la priorité ? A l'écoute d'Ibáñez et de Falgás, on se rend compte que la voix de ténor lyrique de Falgás convient mieux. Ses prestations laissent une plus forte impression. Dans un tango comme **La chacarera** sa voix flotte au-dessus de l'orchestre, exactement à l'opposé de ce que Biagi développera bien plus tard. D'une certaine manière il s'agit pour Biagi d'un retour en arrière, non pas musicalement parlant – la musique est belle – mais en termes d'évolution. J'aime la voix de Falgás mais j'aurais aimé que Biagi persévère avec Ibáñez, qui disparut du paysage. Tout se passe comme si Biagi, ne réussissant pas à trouver le son qu'il désirait, prenait une direction qui n'est pas la sienne.

Par chance, Biagi ne s'est pas attardé dans cette diversion musicale. A l'été 1940, il trouva son chanteur idéal : Jorge Ortiz. Dans leur premier enregistrement **Todo te nombra** (*Ton nom est partout*), Ortiz apparaît clairement comme le meilleur choix pour la musique de Biagi, suivant sans effort et la main dans la main les accords bien nets que déroulent les violons. Il réussit à accompagner le son agité de Biagi d'une manière que Falgás n'avait pas.

Dans ces disques, Biagi commence à utiliser d'une façon extrême les contretemps – accents décalés. Le procédé atteint son point culminant avec **Humillación** (1941) et son extraordinaire fin retardée. Un jeu amusant consiste à essayer de prédire quand le contretemps va arriver. Une fois que vous maîtrisez le style de Biagi, vous pouvez le deviner : le plus souvent c'est dans la liaison des phrases entre elles. Même ainsi, il est impossible de les prédire à 100% sans mémoriser les arrangements. Cette incertitude est ce qui rend cette musique si vivante à danser. Elle focalise notre attention.

Voici autre chose qu'il est intéressant de noter. Vous rappelez-vous comment nous avons présenté l'avènement du *cantor de orquesta* dans les années 1940, dont Troilo fut le fer de lance, alors que l'étoile de l'*estribillista* déclinait ? Eh bien, tout comme D'Arienzo, Biagi ne suit pas – du moins, pas encore. L'époque finira par forcer D'Arienzo et Biagi à suivre la mode, mais dans **Todo te nombra**, Jorge Ortiz est bel et bien un *estribillista*. Quand l'orchestre termine la première strophe et le refrain, on s'attend à ce qu'il commence à chanter – et il n'en est rien ! Il intervient plus tard et il chante moins.

C'est peut-être pour cette raison qu'Ortiz part en 1943 pour aller chanter avec – devinez qui – Miguel Caló qui cherchait un remplaçant à Raúl Berón. Cela peut surprendre, mais à mon oreille cela fonctionne vraiment, en donnant à la musique de Caló un peu de mordant. Pourtant, les choses se gâtèrent pour Ortiz. Caló préférait sans doute une voix plus lisse, et il la trouva six mois plus tard avec Raúl Iriarte, aussi Ortiz revint-il finalement avec Biagi. Ils ont enregistré 39 titres ensemble.

Que faut-il écouter ?

Presque tout est bon, au moins jusque vers 1950, mais l'atmosphère change au fil des années.

Les enregistrements les plus accessibles sont les premiers titres avec Teófilo Ibáñez et Andrés Falgás. Biagi n'a pas encore vraiment trouvé ses marques mais le tempo enlevé et les nombreuses valses et milongas permettent de s'amuser en dansant. Les morceaux instrumentaux sont très spéciaux, Biagi en grava beaucoup durant ces premières années, mais aucun entre 1943 et 1946 quand la mode du tango chanté était à son apogée.

Jorge Ortiz, le meilleur chanteur de Biagi, arrive en 1940. Avec lui le son de Biagi se réalise dans sa plus grande pureté. A la fin de 1941, **Alberto Lago** rejoint l'orchestre comme second chanteur mais il est rapidement éclipsé par Ortiz.

Pour apprécier la musique qui vient ensuite, il faut accepter que Biagi ne joue pas toujours rapidement, ce qui est difficile pour beaucoup de fans de Biagi. Si toutefois vous dépassez cet *a priori*, vous pourrez apprécier sa musique plus tardive des années 1940. L'affiche de 1943 comporte deux voix de barytons. **Carlos Acuña** (1943-1944), qui se produisit brièvement avec Di Sarli, est un bon chanteur, et son interprétation de ***A la luz del candil*** est l'une des meilleures que l'on connaisse. En même temps que lui, **Alberto Amor** (1943-1947) fit quelques beaux enregistrements, et pas seulement la milonga ***Pobre negrito (Flor de Montserrat)***, à tomber par terre. Le ténor **Carlos Saavedra** (1946-1948) grava seulement sept titres et on se souvient surtout de lui dans la milonga ***Por la huella***.

Nous voici en 1950 avec ***Racing Club***, l'un des tangos qui comme je l'ai dit encadrent la carrière de Biagi, une pièce toujours très populaire au tempo bien marqué. Mais ceci ne peut masquer la disparition des surprises rythmiques qui caractérisaient les enregistrements des années 1940. A cette époque, les chanteurs de Biagi étaient **Carlos Heredia** (qui grava seulement trois titres) et **Hugo**

Mains de sorcier

Duval qui resta avec lui jusqu'à la fin en 1962. Quand Biagi passe de Odeón à Columbia en 1956, son *marcato*, déjà extrême, se fait encore plus exagéré, et Biagi met son chanteur Hugo Duval au-devant de la scène. C'était typique de l'époque et en général peu apprécié des danseurs, car le rôle du *cantor de orquesta* le confinait à l'intérieur de l'orchestre. Dans un style *salón* traditionnel, ces tangos chantés et aériens de la fin des années 1950 ne sont pas dansables, bien qu'avec d'autres orchestres de la même époque (comme Héctor Varela) ils aient bénéficié d'un modeste renouveau tandis que le public moderne explore le fond du répertoire de tango.

Rodolfo Biagi en CD

Biagi a travaillé avec Odeón de 1938 à 1956. Il passe ensuite chez Columbia avec qui il enregistre 20 titres de plus, avant de graver un dernier 33 tours avec Music Hall en 1962.

Reliquias (la collection de chez EMI Odeón Argentina) a fait du bon travail en rééditant les enregistrements d'Odeón avec une bonne fidélité, nul besoin d'aller chercher ce répertoire ailleurs.

Reliquias	499966	Sus éxitos con Andrés Falgás y Teófilo Ibáñez	1999
Reliquias	541689	Solos de orquesta	2002
Reliquias	379158	Exitos con Jorge Ortiz*	2010
Reliquias	499967	Sus éxitos con Jorge Ortiz vol.2	1999
Reliquias	499968	Sus éxitos con Alberto Amor	1999
Reliquias	529139	Sus éxitos con Duval, Heredia, Saavedra y Amor	2000

* Il s'agit d'une réédition de l'album de 1996 'Sus éxitos con Jorge Ortiz' avec un titre subtilement modifié. Bizarrement, l'ancien CD a été supprimé.

10 / Enrique Rodríguez :
le tango joyeux

Guide d'écoute

**ORQUESTA
ENRIQUE RODRÍGUEZ**

estribillo - Roberto Flores:
1/ Tengo mil novias (v) (1939)
2/ Son cosas del bandoneón (1937)

estribillo - Armando Moreno:
3/ Tango Argentino (1942)
4/ Amor en Budapest (fox-trot) (1940)

En Argentine, on danse tout.

Je reconnais que ce n'est pas tout à fait exact, certainement pas à notre époque. Mais je veux dire que si vous visitez une milonga traditionnelle à Buenos Aires, la musique est souvent ponctuée par des *tandas* (séries) de *otros ritmos* (autres rythmes) : swing, « *tropical* » (salsa, souvent avec une pointe de cumbia), et même pasodoble. Et dans ce cas, beaucoup continuent à danser. Ces bouffées de musique pleine d'énergie entretiennent une atmosphère légère et ludique.

Essayez de faire de même en Europe ou en Amérique du Nord et la majorité des danseurs regagneront leur chaise. Ils n'ont pas l'habitude de danser le tango, le swing *et* la salsa. Peut-être est-ce la raison pour laquelle nous avons introduit le tango électronique ou ce qu'on appelle le « tango nuevo », qui n'est autre que de la musique pop avec un rythme à 4 temps, sur laquelle il est possible de danser des figures de tango. Les traditionalistes (surtout les jeunes) ont ceci en horreur, mais j'aimerais qu'ils apprennent juste à danser un peu de salsa et de swing. Nos milongas n'en seraient que plus festives, comme il se doit.

J'ai récemment entendu qualifier l'*orquesta característica* d'Enrique Rodríguez d'orchestre pop. Au fait, qu'est-ce qu'un *orquesta característica* ? C'est un ensemble qui ne se spécialise pas dans le tango, la valse et la milonga mais qui joue aussi tous les autres rythmes du bal : fox-trot, pasodoble, polka et d'autres connus dans le monde hispanophone mais pas anglophone, comme le *corrido*. Un autre de ces orchestres est celui de Feliciano Brunelli, bien que ce dernier joue très peu de tangos.

Quand j'ai commencé à danser le tango en 1994, on entendait l'orchestre de Rodríguez en Europe mais pas en Argentine. Etant un *orquesta característica*, je présume qu'on ne le prenait pas vraiment au sérieux à Buenos Aires. Il est vrai que le rythme des tangos y est simple mais c'est en partie pour cela qu'on les aime. L'autre raison ? La musique est pleine d'entrain.

Sa popularité constante de notre côté de l'Atlantique a fini par lui procurer plus de reconnaissance dans sa mère patrie. Auparavant, vous pouviez vous procurer un CD mais essentiellement de *otros ritmos*. Il a fallu attendre 2000 pour qu'un label Argentin édite un album de tangos de Rodríguez, qui est encore très apprécié. De nos jours, tous ses tangos ont été réédités mais il reste mal représenté dans l'écoute en ligne, c'est pourquoi notre sélection musicale est limitée.

Ces réflexions en disent assez sur l'orchestre de Rodríguez. Il est sans prétention, il maintient une ambiance légère et donne à chacun l'envie de faire la fête. Que demander de plus ?

Enrique Rodríguez – le tango pour le plaisir

Rodríguez composa son orchestre en 1936, l'appelant « *La orquesta de todos los ritmos* » (l'orchestre de tous les rythmes) et sa carrière discographique (avec Odeón) commença en 1937. Le fait qu'il enregistra une valse avant de graver un tango est révélateur ! Ne soyez pas surpris, il s'agit d'un *orquesta característica*, n'est-ce pas ?

Son premier chanteur, qui l'accompagnera jusqu'à fin 1939, est Roberto Flores, surnommé « *El chato* ». Si ce sobriquet sonne bizarrement – *chato* veut dire « au nez retroussé » – mentionnons que Azucena Maizani était surnommée « *la ñata gaucha* », ce qui veut plus ou moins dire la même chose. Flores est en phase avec l'orchestre et ces premiers titres sont enlevés, frais et entraînants. Ses plus grands succès furent les valses **Salud, dinero y amor** (Santé, argent et amour – notez l'ordre) et **Tengo mil novias** – j'ai mille petites amies – une composition de Rodríguez lui-même avec son ami Enrique Cadícamo. Cette valse, avec ses paroles effrontées, résume bien l'esprit de l'orchestre et introduit un élément que l'on n'associe pas d'habitude au monde latin – l'ironie :

> J'ai mille petites amies, je suis le champion des amoureux !
> (chœur) : *dans ton imagination !*

Quant aux tangos, essayez **Son cosas del bandoneón**, énergique et enlevé mais sans le punch de la version plus tardive de Biagi. Ce tango demeure très populaire.

Au début des années 1940, le label Victor fit miroiter à Flores une carrière de soliste et Rodríguez le remplaça par Armando Moreno. Flores était un bon choix mais Moreno également et sa voix est plus belle. Cette nouvelle combinaison s'avéra encore plus populaire que la précédente dans la mesure où Moreno pouvait également interpréter le répertoire de Flores. **Tengo mil novias** reste le plus grand succès de l'orchestre même s'il est faux comme on le lit parfois que Rodríguez le réenregistra avec Moreno.

Comme danseurs nous nous intéressons surtout aux tangos. A cette époque, ceux de Rodríguez étaient très populaires et très agréables à danser. La musique est intéressante, pas trop compliquée, avec une bonne cadence, l'humeur est légère et joyeuse. Les historiens du tango aiment comparer Rodríguez à Donato et D'Arienzo, personnellement je ne vois pas bien pourquoi. Rodríguez ne joue pas avec le rythme de la même façon. Il utilise aussi des variations rythmiques mais tandis que Donato vous force à deviner, Rodríguez, lui, cherche à vous mettre à l'aise. Alors que le tempo de la musique de tango ralentit au début des années 1940, l'orchestre atteint un point d'équilibre en 1942 - 1943, années durant lesquelles le tempo est idéal pour une danse détendue et plaisante. Comme exemple typique, citons **Tango argentino**. Ce tango est juste un peu plus lent que **Son cosas del bandoneón** mais il permet à Rodríguez de jouer différemment avec la musique. Ecoutez et comptez les temps : il y a bien deux temps à chaque battement de mesure ? C'est ainsi que Rodríguez joue sa musique, en contraste avec les doubles temps rapides de l'orchestre de D'Arienzo. Ses doubles temps créent du swing.

Vers le milieu de 1944, Rodríguez décida de suivre la tendance et de rendre sa musique plus raffinée. Il engagea le pianiste Armando Cupo et le bandonéoniste Roberto Garza, tous deux d'excellents arrangeurs – Garza avait déjà travaillé pour Canaro. Le résultat est frappant : leur premier enregistrement, **Motivo sentimental** est sans nul doute plus complexe, poli et sophistiqué. On croirait entendre un autre orchestre. Voici un tango que j'aurais plutôt envie d'attribuer à la formation de José García plutôt qu'à celle de Rodríguez, surtout au début. Mais dès qu'on entend la voix de Moreno, le doute est levé ; ni José García ni Carlos Di Sarli n'auraient utilisé la voix avenante de Moreno dans ce style d'interprétation. La voix de Moreno n'est tout simplement pas adaptée au « nouveau » Rodríguez.

Il n'est pas étonnant que nous entendions peu ces titres en milonga. Instinctivement, nous les écartons, peut-être sans vraiment réaliser ce qui s'est passé. Rodríguez tente de jouer comme quelqu'un d'autre et cela ne fonctionne pas du tout. Après le départ de Moreno avec Garza en 1946 pour une carrière de soliste, Cupo quitta à son tour l'orchestre. Rodríguez revint à son ancien style et tout le monde fut beaucoup plus heureux ainsi.

Rodríguez en CD : que faut-il écouter ?

C'est simple, tout est bon depuis ses débuts (1937) jusqu'en avril 1944, y compris les fox-trots (et il y en a beaucoup). Si vous êtes un danseur de tango vous ne vous imaginez peut-être pas aimer le fox-trot, mais je vous encourage à faire un essai, vous serez surpris. Nous avons sélectionné pour l'écoute **Amor en Budapest**, un très grand succès de l'orchestre. Ces fox-trots sont toujours amusants, et certains sont extraordinaires. Et si ce n'est pas trop hérétique pour vos oreilles, dansez donc une simple milonga sur leur musique.

Il ne faut pas non plus ignorer les titres enregistrés avec Roberto Flores. Datant de la fin des années 1930 plutôt que des années 1940, leur tempo est plus rapide que ceux gravés avec Moreno.

Une fois de plus, vous pouvez (presque) tout trouver sous le label 'Reliquias'. Pour les tangos, valses et milongas :

Reliquias	541707	Canta Armando Moreno vol.2	2002
Reliquias	541704	Canta Armando Moreno vol.1	2002
Reliquias	477584	Sus Primeros Sucesos	2005
Reliquias	595165	Tangos, Valses y Milongas	2003
Reliquias	541705	El "Chato" Flores en el recuerdo	2002

Et pour les fox-trots, ces deux CD récents :

Reliquias	837408	Bailando Todos Los Ritmos	1996
Reliquias	859024	Para bailar sin parar	1997

11 / Edgardo Donato : soyez heureux

Guide d'écoute

ORQUESTA EDGARDO DONATO

1/ Tierrita (1934)
2/ Noches correntinas (1939) *
3/ Estrellita mía (v) (1940) *
4/ Mendocina (1942)
5/ Triqui-tra (1940) canta: Lita Morales
6/ El adiós (1938) +
7/ Sinfonía de arrabal (1940) *
8/ Felicia (1929)
9/ El huracán (1932)
estribillo: Félix Gutiérrez
10/ Ella es así (m) (1938) +

* Morales / Lagos / Gavio
+ Horacio Lagos

Enrique Rodríguez n'était pas le seul chef d'orchestre à vouloir tout simplement que les gens s'amusent. L'autre s'appelait Edgardo Donato. Cependant, l'orchestre d'Edgardo Donato n'était pas un *orquesta característica*, un orchestre pop comme celui de Rodríguez, mais un *orquesta típica*, un vrai orchestre de tango. Je dirais un orchestre sérieux, si la musique de Donato était un tant soit peu sérieuse. De tous les orchestres qui n'avaient pas peur de faire de la musique qui rend heureux, le sien se distingue par son côté joueur. Cela s'entend tout particulièrement chez les violons – l'instrument même de Donato – et dans la section de bandonéons qui résonne différemment et donne à l'ensemble des allures de bal musette parisien. La musique est joyeuse, rapide et innocente, une qualité que l'on n'associe pas d'habitude au tango.

Un bon point d'entrée est l'interprétation par Donato du tango **Tierrita**, enregistré en septembre 1934. L'orchestre attaque la pièce à un tempo casse-cou, à peu près deux fois plus vite que l'interprétation de l'Orquesta Típica Victor (OTV) juste deux ans plus tôt. Le morceau commence par un pizzicato frénétique des violons, dont les cordes sont grattées à la manière de guitares. Le calme revient peu après, mais seulement pour laisser des syncopes remplir l'arrière-plan avec des percussions sauvages. Sans attendre, le pizzicato est de retour, et le morceau continue à ce niveau d'énergie et d'excitation pendant trois bonnes minutes. C'est dynamique comme un groupe de jeunes enfants courant sur une aire de jeu. L'influence de cette version se fait sentir dans celle de Tanturi en 1937 (son tout premier enregistrement), encore qu'à côté de celle de Donato l'interprétation de Tanturi paraît tranquille, et celle d'OTV, léthargique.

Cette énergie enfantine semble être la caractéristique de l'orchestre. Un jour qu'il jouait le tango **El huracán** (l'ouragan), Donato se mit à marcher de long en large sur la scène, fouettant les spots d'éclairage (des bulbes de lumière colorés) avec l'archet de son violon, probablement dans le rythme de la musique.

Si vous pensez à ce que l'on jouait d'habitude en ce temps-là, vous comprendrez pourquoi certains se réfèrent à Donato comme à un pont vers D'Arienzo dont la révolution attendra encore une année. Fresedo a déjà adopté le style onctueux de ses enregistrements avec la voix de Roberto Ray. Canaro arrive au terme de trois années pendant lesquelles il a promu un tempo puissant, et son orchestre est en transition ; à peine quelques mois plus tard, il engagera Roberto Maida. Ces deux orchestres majeurs orientent clairement l'évolution de leur musique vers plus de douceur et le champ est libre pour un orchestre au tempo enlevé. Voici le vide que remplit Donato. Canaro a un rythme vigoureux, celui de Lomuto est appuyé, et celui de Firpo bouillonnant : le rythme de Donato est léger, rapide et enjoué.

Les meilleures années de Donato sont 1932-1942, un intervalle de temps étrange si l'on se réfère aux autres orchestres que nous avons évoqués. Il commence clairement bien avant la révolution de D'Arienzo, aussi pourrions-nous le considérer comme un orchestre de la *guardia vieja*, quoiqu'au tempo et à la cadence rapide. Mais il continue avec succès après la révolution de D'Arienzo et même après l'apparition de Troilo, Laurenz et Di Sarli. Pourquoi décline-t-il subitement ? Nous avons évoqué cette question en parlant de Miguel Caló et de Raúl Berón : la vitesse de la musique de tango ralentit dramatiquement. Donato n'était pas capable de s'adapter.

Il arriva autre chose à Donato à ce moment-là : il perdit son musicien-clé. Nous avons vu que dans de nombreux orchestres celui-ci était le pianiste. D'Arienzo batailla ferme pour remplacer Biagi et Troilo ne se releva jamais complètement de la perte d'Orlando Goñi. S'agissait-il donc du pianiste de Donato ? Non. Essayons encore. Cela pouvait-il être le violoniste ? Donato était connu pour son usage particulier du violon – nous avons déjà entendu son pizzicato enjoué. Oui mais Donato lui-même prenait les solos de violon pleins de gaieté. Donc ce n'est pas le violon. Un bandonéon ? Vous y êtes presque, mais ce n'est toujours pas cela.

Ecoutez attentivement la section de bandonéons de Donato : le son est différent de celui des autres orchestres. Il est brillant, joyeux et ludique. Comment Donato peut-il produire un son aussi léger ? La réponse est que la section de bandonéons de Donato possède un ingrédient que les autres n'ont pas : en plus des quatre bandonéons, il a aussi un accordéon.

On parle si souvent de ce qui rend le son du bandonéon différent de celui de l'accordéon, et tellement adapté au tango : sa profondeur sonore, sa mélancolie. Laissons cette comparaison de côté un instant. L'accordéon est plus léger et plus gai. Piazzolla disait que le bandonéon était fait pour jouer la musique triste alors que l'accordéon est un instrument heureux. Donato, en ajoutant un accordéon à l'affiche d'un *orquesta típica*, déclare de fait sa préférence pour le côté joyeux de la vie.

L'accordéoniste était l'enfant prodige Osvaldo Bertone, Bertolín pour les intimes. Il rejoignit l'ensemble de Donato en 1934 alors qu'il n'avait que 13 ans.

La contribution de Bertolín à l'orchestre est immense. Au début, il se contente de donner de la clarté au son des bandonéons, mais à mesure que le temps passe, son rôle s'affirme, tout spécialement dans les valses, par exemple **Noches correntinas** (1939) où il joue un solo. Un exemple plus subtil est **Estrellita mía** (1940), une valse au tempo intermédiaire qui met en vedette le trio de chanteurs, lequel à un certain moment fredonne en chœur d'une manière fort éloignée du tango. Il n'est pas besoin d'écouter beaucoup pour noter quelque chose d'insolite pour un orchestre de tango : l'une des voix est une voix de femme. C'est celle de Lita Morales, et nous y reviendrons très bientôt.

Le meilleur exemple du jeu de Bertolín est la valse **Mendocina** (1942) dans laquelle sa contribution s'entend dès les toutes premières mesures. Cette valse a été enregistrée lors de leur dernière session commune, et il est possible que Donato lui ait donné plus d'espace parce qu'il savait qu'il allait quitter l'orchestre. A l'écoute de l'œuvre de Donato, il n'est pas si facile de dire quand Bertolín rejoint l'orchestre tandis que son départ s'entend très clairement.

L'histoire officielle dit comment Donato dut réorganiser son orchestre en 1945, lorsque beaucoup de ses musiciens, accompagnés du chanteur Horacio Lagos, le quittèrent pour rejoindre une formation dirigée par son frère Osvaldo. Cependant, le mal était fait en 1942, lorsque Bertolín, après huit ans passés avec Donato, partit créer un groupe de jazz. Sensiblement au même moment, un triangle sentimental se noua entre les trois chanteurs, causant un tel désordre que Donato les licencia tous. La dernière session d'enregistrement avec Bertolín qui comporte **Mendocina** a eu lieu en août 1942. Ensuite, et en plein boum du tango, Donato n'enregistra plus rien pendant un an et demi. A son retour en studio en mars 1944, il sonne comme un autre orchestre, sans personnalité. Ceci est partiellement dû à la perte de Bertolín, mais aussi aux changements majeurs qui bouleversèrent la scène du tango durant ces années, tandis que le tango chanté mûrissait et ralentissait, à l'opposé des points forts de Donato. Souvenez-vous du chapitre précédent et d'un autre orchestre joyeux, celui d'Enrique Rodríguez, qui s'égara en 1944 en tentant de jouer une musique plus sophistiquée. Il arrive à Donato quelque chose de très similaire : à partir de 1945, son orchestre est méconnaissable.

Les anecdotes sur Donato

Donato était connu pour être particulièrement « dans la lune » et les histoires abondent sur ses distractions. Un jour où il discutait avec des amis dans une *confitería,* il réalisa soudain que son show à la Radio « El Mundo » commençait quelques minutes plus tard. Il fonça dans la rue, sauta dans un taxi et demanda à être conduit à Maipú 555 le plus vite possible. Le chauffeur leva la main et désigna l'immeuble d'en face en disant : « C'est là, juste devant vous, Monsieur ».

Donato se trouvait sans chanteur pour son orchestre. Un jour, à la maison, il écoutait la radio avec des amis. Elle diffusait la voix d'un chanteur qui l'impressionna vraiment, et Donato bondit en s'écriant « Le voici, voici le chanteur qu'il me faut ! ». Il y eut dans la pièce un silence gêné… personne n'avait le cœur de lui dire qu'il s'agissait de Carlos Gardel, dont la célébrité et le succès était inégalés. Gardel se produisait comme soliste et non comme chanteur dans un orchestre de danse, c'est pourquoi il n'intervient pas dans notre histoire.

Lors d'une autre occasion, il s'assit dans le tram près d'un garçon transportant un étui à violon. Après un moment il se tourna vers lui et lui dit « Excusez-moi, jeune homme, jouez-vous dans un orchestre ? ». Le garçon répondit « Oui, dans le vôtre, Maître ».

Mais l'anecdote la plus célèbre sur Donato est celle que raconte sa fille et qui a aussi pour scène le tram. Donato était absorbé dans une conversation avec un ami. Ils descendirent ensemble et marchèrent un moment avant que Donato ne réalise qu'il avait oublié quelque chose d'important dans le tram : sa femme.

Les débuts de Donato

Donato fait son apparition en 1929, à un moment où la *guardia vieja* est encore la seule manière de jouer de la musique de danse. Les premiers enregistrements sonnent un peu comme l'Orquesta Típica Brunswick, notamment dans sa façon d'utiliser le piano, mais Donato montre déjà sa passion pour le pizzicato : écoutez donc sa version de 1929 de **Felicia** qui nous propose aussi de jolies syncopes.

En 1930 il co-dirige un orchestre avec son collègue violoniste Roberto Zerrillo, avec Azucena Maizani au chant, mais Zerrillo tombe amoureux de Maizani et la suit dans sa tournée en Espagne. Ceci contraint Donato à poursuivre de nouveau tout seul.

En 1932, il signe avec le label Victor. Sa première session comporte un tango, et l'enregistrement deviendra célèbre : **El huracán**, une composition signée de Donato et de son frère Osvaldo. A l'écoute de cette pièce on se rend compte à quel point la musique a remarquablement évolué : il s'agit d'un tango rapide et inventif, qui sonne exactement comme le Donato que nous connaissons et aimons, et très peu comme la combinaison *guardia vieja* formée auparavant avec Zerrillo. Ce morceau est un véritable ouragan, pourvu d'une dynamique effrénée qui a dû faire sensation à l'époque. Ce tango révolutionnaire deviendra en quelque sorte l'emblème de Donato et inaugure ses années glorieuses.

Les chanteurs de Donato

Dans *El huracán*, la voix est celle de Félix Gutiérrez, qui en plus d'être chanteur était aussi un boxeur. Après son départ, Donato recourut à la voix d'Antonio Maida et il eut aussi la chance de lancer Hugo del Carril, qui le quitta rapidement pour une carrière de star.

Il trouva en 1935 le chanteur qui lui serait fidèle : **Horacio Lagos**. A partir de 1939, il fit appel à deux autres voix : celles de **Lita Morales** et de **Romeo Gavio** (l'Uruguayen Romeo Gavioli). Il était rare de faire appel à une voix féminine dans un orchestre de danse[15]. Les solos étaient exclusivement confiés à Lagos, bien que dans *Triqui-tra* (1940) Lita Morales chante en solo. Aucun autre orchestre de l'époque ne travaille régulièrement avec une voix de femme : Donato prend ici une grande liberté. La plupart du temps, Lita Morales et Gavio apparaissent combinés avec d'autres voix, et dans cinq titres les trois voix se produisent ensemble. Cette abondance de voix ajoute à l'atmosphère festive.

Le Donato sérieux

Tout ceci ne signifie pas que Donato ne pouvait être sérieux lorsqu'il le voulait. C'était possible. Un exemple fantastique est la version de 1938 du grand succès *El adiós*. L'ouverture de ce tango va à coup sûr vous prendre par surprise car c'est un modèle de retenue, avec un violon au son lugubre jouant sur un lent tempo de marche. Il offre aussi un délicieux échange entre la voix de Horacio Lagos et l'accordéon de Bertolín, que l'on entend clairement en solo peu avant la *variación* finale.

Sinfonia de arrabal commence aussi majestueusement mais cette fois Donato ne peut jouer sérieusement que pendant 45 secondes. Soudain, l'humeur change et le morceau devient joyeux.

---

[15] Le seul autre exemple contemporain qui me vient à l'esprit est celui de Susy del Carril avec la *típica* de Juan Carlos Cobián et Ciriaco Ortiz en 1935-1936, qui se produisaient à la radio mais ne laissèrent pas d'enregistrement.

Donato et la milonga

Avec son rythme allègre, Donato est un excellent interprète de milongas, et la plus célèbre est de nos jours la délicieuse – bien que trop jouée – **_Ella es así_**. Ecoutez n'importe quelle milonga et il est évident que Donato traite le genre de manière un peu spéciale, qu'elle soit rapide ou bien plus lente, comme sur le tempo ancien que l'on appelle à présent _tango-milonga_. Le rendu rythmique de Donato n'est pas toujours le même, ce qui est une chausse-trape pour le DJ de tango : on ne peut combiner au hasard trois de ses milongas et être sûr de composer une bonne _tanda_.

Donato : que faut-il écouter ?

Donato commença sous le label Brunswick et lorsqu'ils firent faillite en 1932 il rejoignit la RCA Victor. Parmi ses 356 enregistrements, les plus intéressants sont ceux qu'il a réalisés avec RCA Victor avant le départ de Bertolín en 1942.

Il est malheureux que BMG (qui possède le label RCA Victor) se montre si peu enclin à rééditer l'œuvre de Donato : à l'heure où nous écrivons, il n'y a qu'un CD commercial de Donato qui soit édité. Beaucoup de titres classiques sont tout simplement introuvables. Il serait merveilleux que cela ait changé au moment où vous lisez ces lignes, mais c'est peu probable.

CD	RGS	1640	Tango Collection : Edgardo Donato	2010
mp3	RCA		Serie 78 RPM : Orquestas De Antaño - Edgardo Donato	2011

Edgardo Donato – discographie partielle

#	Date	Titre	Chanteur	Genre
135	09.12.32	El huracán	Félix Gutiérrez	
136	09.12.32	Adónde vas tan regalón?	Félix Gutiérrez	ranchera
137	21.06.33	La llorona	Félix Gutiérrez	ranchera
138	21.06.33	Pobre soñador	Félix Gutiérrez	
139	13.07.33	La novena	Félix Gutiérrez ; Manuel Cao	
140	13.07.33	Veneración		vals
141	11.09.33	Triste y sin alpiste	Félix Gutiérrez	ranchera
142	11.09.33	El acomodo		
143	31.10.33	Mi porteñita grácil	Félix Gutiérrez	pasodoble
144	31.10.33	Santa milonguita	Félix Gutiérrez	
145	29.11.33	Penas	Félix Gutiérrez	vals
146	29.11.33	Qué haces, qué haces	Félix Gutiérrez	
147	09.01.34	Esto es el colmo	Antonio Maida	
148	09.01.34	Petronila y Candelario	Antonio Maida	ranchera
149	09.02.34	Ruego	Antonio Maida ; "Randona"	
150	09.02.34	Abombada	Randona	ranchera
151	12.03.34	Noche sevillana	Antonio Maida	pasodoble
152	12.03.34	Risas	Antonio Maida	
153	25.04.34	Sandia calada	Antonio Maida	ranchera
154	25.04.34	Seguí la caravana	Antonio Maida	
155	05.06.34	Amores viejos	Antonio Maida	
156	05.06.34	Pa' semejante candil	Antonio Maida	ranchera
157	28.06.34	Riachuelo	Antonio Maida ; "Randona"	
158	28.06.34	Ensalada mixta	Antonio Maida	ranchera
159	28.06.34	Y llegó el amor	Antonio Maida	vals
160	28.06.34	Berretín	Antonio Maida	
161	09.08.34	Una luz en tus ojos	Antonio Maida ; "Randona"	vals
162	09.08.34	Soldadito del amor	Antonio Maida	pasodoble
163	14.09.34	Ladrona de Sevilla	Antonio Maida	pasodoble
164	14.09.34	Tierrita		
165	05.10.34	Corrales viejos	Antonio Maida	milonga
166	05.10.34	Miau	Antonio Maida	ranchera
167	09.11.34	Quién más, quién menos	Antonio Maida ; "Randona"	
168	08.11.34	Rosiclor	Antonio Maida	vals
169	19.12.34	De ande yerba	Antonio Maida	ranchera
170	19.12.34	Si te perdés, chiflame	Antonio Maida	
171	05.02.35	Protestona	Antonio Maida	ranchera
172	05.02.35	La caída de la estantería	Hugo Del Carril	
173	08.02.35	Congoja	Hugo Del Carril	

174	08.02.35	La glotona	Antonio Maida	ranchera
175	20.02.35	Dejate querer		vals
176	20.02.35	Madame Ivonne	Alberto Gómez	
177	21.03.35	Rosa poneme una ventosa	Hugo Del Carril ; "Randona"	
178	21.03.35	Vos y yo	Hugo Del Carril	vals
179	04.04.35	Muchacho de cafetín	Hugo Del Carril	
180	04.04.35	El vals de los recuerdos	Hugo Del Carril	vals
181	06.05.35	La cumparsita		
182	06.05.35	Mi morena	Hugo Del Carril ; "Randona"	pasodoble
183	06.05.35	San Sebastián	Hugo Del Carril	pasodoble
184	06.05.35	Mi tristeza	Hugo Del Carril	
185	13.06.35	Dios lo sabe	Juan Alessio	
186	13.06.35	El día que me quieras	Juan Alessio	canción
187	03.07.35	Rosalinda	Juan Alessio	vals
188	03.07.35	Picaflor	Juan Alessio	
189	17.07.35	De mis pagos		ranchera
190	17.07.35	Hola... ¿Qué tal?	Juan Alessio	
191	09.08.35	Lejana tierra mía	Juan Alessio	canción
192	09.08.35	Alleluia	Juan Alessio	marcha
193	28.08.35	El zorzal	Horacio Lagos	
194	28.08.35	Doña Maribiga	Horacio Lagos	ranchera
195	11.10.35	Hay que acomodarse	Horacio Lagos	
196	11.10.35	Mi Sevilla		pasodoble
197	20.11.35	Elegante papirusa		
198	20.11.35	Che, Carolina		ranchera
199	17.01.36	Tengo flor y no la niego	Horacio Lagos	ranchera
200	17.01.36	Chiqué		
201	10.03.36	Mañana	Félix Gutiérrez	
202	10.03.36	La tapera	Félix Gutiérrez	vals
203	07.05.36	Secreto de amor	Félix Gutiérrez	vals
204	07.05.36	Pura chispa	Félix Gutiérrez	
205	10.06.36	Embrujo gitano	Horacio Lagos	pasodoble
206	10.06.36	Belén		
207	01.07.36	Si tú supieras	Horacio Lagos	
208	01.07.36	Sólo un recuerdo	Horacio Lagos	vals
209	06.08.36	Gallito		pasodoble
210	06.08.36	La tablada		
211	10.09.36	Me voy a baraja	Horacio Lagos	
212	10.09.36	Sombras del ayer	Horacio Lagos	vals
213	07.10.36	Se va la vida	Horacio Lagos	
214	07.10.36	Adiós a Gardel	Horacio Lagos	corrido
215	23.01.37	Pierrot apasionado	Horacio Lagos	marcha
216	23.01.37	No te cases	Horacio Lagos	
217	12.02.37	Así es el tango	Horacio Lagos	

#	Date	Title	Artist	Genre
218	12.02.37	Gato	Horacio Lagos	
219	16.07.37	Marta	Horacio Lagos	vals
220	16.07.37	Hacete cartel	Horacio Lagos	
221	29.11.37	Papas calientes		tango milonga
222	29.11.37	Virgencita	Horacio Lagos	vals
223	05.02.38	El estagiario		
224	05.02.38	La milonga que faltaba	Horacio Lagos	milonga
225	09.03.38	Qué será?	Horacio Lagos	vals
226	09.03.38	Sácale punta	Horacio Lagos ; "Randona"	milonga
227	02.04.38	El adiós	Horacio Lagos	
228	02.04.38	Con tus besos	Horacio Lagos	vals
229	06.07.38	Tiempos bravos		
230	06.07.38	Te gané de mano	Horacio Lagos; "Randona"	
231	29.08.38	Vivo sin sombra lejos de ti	Horacio Lagos	vals
232	29.08.38	Cantando bajito	Horacio Lagos	
233	10.10.38	Ella es así	Horacio Lagos	milonga
234	10.10.38	El chamuyo		
235	09.12.38	Alas rotas	Horacio Lagos	
236	09.12.38	Embrujo		pasodoble
237	26.01.39	La mimada	Horacio Lagos	milonga
238	26.01.39	Para qué	Horacio Lagos	
239	06.03.39	Lágrimas	Horacio Lagos	
240	06.03.39	De punta a punta	Horacio Lagos	milonga
241	27.03.39	Carnaval de mi barrio	Lagos ; Morales	
242	27.03.39	Madrecita	Horacio Lagos	vals
243	27.03.39	Sombra gaucha	Morales ; Lagos	
244	05.06.39	Sin sabor	Lagos ; Morales	
245	02.08.39	Pasión criolla		
246	02.08.39	Trinia	Lita Morales	pasodoble
247	31.08.39	Chapaleando barro	Lagos ; Morales	
248	31.08.39	Soy mendigo	Horacio Lagos	
249	14.11.39	El torito		milonga
250	14.11.39	Noches correntinas	Morales ; Lagos ; Gavio	vals
251	11.01.40	Mi serenata	Gavio ; Morales	
252	11.01.40	Volverás pero cuándo	Gavio ; Morales ; Lagos	vals
253	24.01.40	Luna	Gavio ; Morales ; Lagos	vals
254	24.01.40	Triqui-tra	Lita Morales	
255	05.04.40	Campo afuera	Horacio Lagos	milonga
256	05.04.40	Sinfonía de arrabal	Lagos ; Morales ; Gavio	

257	30.04.40	La melodía del corazón	Romeo Gavio	
258	30.04.40	Porteña linda	Horacio Lagos	milonga
259	18.07.40	El distinguido ciudadano		
260	18.07.40	Diablesa	Horacio Lagos	vals
261	30.09.40	Estrellita mía	Morales ; Lagos ; Gavio	vals
262	30.09.40	Yo te amo	Morales ; Gavio	
263	22.11.40	Fue mi salvación	Horacio Lagos	
264	22.11.40	Virgencita milagrosa	Lita Morales	pasodoble
265	13.12.40	El lengue	con recitado	milonga
266	13.12.40	Sentir del corazón	Horacio Lagos ; Romeo Gavio	milonga
267	21.01.41	Dejó el mundo como está	Horacio Lagos	
268	21.01.41	La shunca	Gavio ; Morales ; Lagos	vals
269	05.02.41	La morena de mi copla	Lita Morales	pasodoble
270	05.02.41	Amando en silencio	Lagos ; Gavio	
271	18.02.41	Mis pesares	Horacio Lagos	
272	18.02.41	Repique del corazón	Lagos ; Gavio	milonga
273	11.06.41	Organillero	Horacio Lagos	marcha
274	11.06.41	A oscuras	Horacio Lagos	
275	21.07.41	Te busco	Horacio Lagos	
276	21.07.41	No se haga mala sangre	Horacio Lagos	polca
277	06.08.41	Un libro	Horacio Lagos	
278	06.08.41	Mañana será la mía	Lagos ; Morales	vals
279	13.10.41	A media luz	Horacio Lagos	
280	13.10.41	Quién será	Horacio Lagos	vals
281	11.03.42	Cara negra	Horacio Lagos	milonga
282	11.03.42	Mishiadura		
283	28.05.42	Parece ayer	Horacio Lagos	
284	28.05.42	Tu confidencia	Romeo Gavio	
285	06.08.42	Mendocina	Romeo Gavio	vals
286	06.08.42	Lonjazos	Gavio ; Lagos	

Note : le chanteur « Randona », que l'on entend parfois exécuter avec une voix de fausset un duo avec le chanteur principal Antonio Maida, était le violoniste Armando Julio Piovani, membre de l'orchestre de Donato.

Juan Alessio trouvera plus tard la notoriété sous le nom de scène de Jorge Ortiz.

12 / Elvino Vardaro :
il n'y a jamais eu de meilleur orchestre

Celui qui est tout simplement en avance sur son temps, ce temps le rattrapera un jour

- Ludwig Wittgenstein

Guide d'écoute

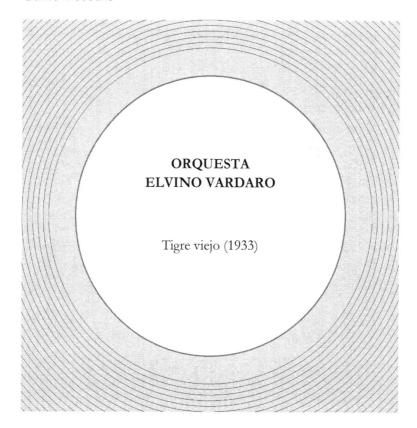

ORQUESTA ELVINO VARDARO

Tigre viejo (1933)

Elvino Vardaro fut l'un des meilleurs violonistes de tango de tous les temps. La liste des musiciens avec qui il a joué est un véritable « Who's Who » du tango. Débutant avec Juan Maglio en 1922, il a aussi joué avec les sextuors de Roberto Firpo (1924) et de Pedro Maffia (1926), ainsi qu'avec tous les artistes de la compagnie Victor à la fin des années 1920 : Juan Guido, Los Provincianos de Ciriaco Ortiz, Luis Petrucelli, Adolfo Carabelli et bien sûr l'orchestre maison, l'Orquesta Típica Victor (OTV) lui-même. Ensuite il jouera aussi bien pour Fresedo que pour Di Sarli.

Il forma en 1929 le mythique sextuor Vardaro-Pugliese qui comptait parmi ses rangs la chanteuse Malena de Toledo (dont certains disent qu'elle fut la muse du tango emblématique **Malena**). Avec Vardaro, c'est la crème des jeunes musiciens de l'époque qui est à l'affiche et avec le recul c'est la meilleure formation de tous les temps. Osvaldo Pugliese tenait le piano. Les bandonéonistes étaient Aníbal Troilo et Ciriaco Ortiz. Le second violon était Alfredo Gobbi. Vardaro inclus, chacun de ces musiciens dirigerait un jour son propre orchestre. Il faudra attendre le Quinteto Real en 1960 pour assister à quelque chose de comparable.

Ce sextuor fonctionnait bien et Vardaro décida de partir en tournée en Argentine. Hélas, ce fut un échec total. Vardaro dut mettre l'archet de son violon en gage pour payer les billets de retour et le groupe se sépara sans laisser aucun enregistrement.

Nullement découragé, Vardaro reforma son propre sextuor en 1933. Avec Vardaro au premier violon, Troilo tenait l'un des bandonéons. L'autre violon était Hugo Baralis, qui jouera plus tard pour Troilo. Vardaro composait les arrangements avec le pianiste, José Pascual.

 Le groupe n'a gravé qu'un seul titre : une prise test du tango **Tigre viejo** pour la Victor. Voici, toutes époques confondues, l'un des plus extraordinaires enregistrements de tango. L'arrangement contourne toutes les règles conventionnelles sur l'exécution d'un tango. La musique n'est qu'une succession de fioritures sauvages et débridées. En comparaison, la version de Fresedo de **Tigre viejo** – pourtant l'un de ses tangos les plus rythmiques – ne sonne pas seulement comme terne et efféminée mais émasculée.

Cet enregistrement test fut écarté par la Victor au prétexte que la musique n'était pas assez commerciale.

Le groupe était très populaire auprès du public des concerts. Il prenait ses quartiers au Café Germinal où il était surnommé le Sexteto Germinal. Mais il en faut plus pour un réel succès : un contrat à la radio et un pour l'enregistrement. Sans l'un ou l'autre le groupe n'avait pas d'avenir sur le plan financier et il se sépara en 1935 sans avoir produit aucun disque.

Horacio Ferrer voit ce groupe comme un précurseur de Troilo. Cependant, si l'on peut considérer le sextuor de Vardaro comme un pont entre De Caro et Troilo, la conception musicale du groupe est différente de celle de Troilo et fait plutôt penser à Laurenz. C'est ce que le tango peut offrir de plus proche du jazz : six hommes jouant assis au bord de leurs chaises et s'efforçant de maintenir l'ensemble sur ses rails.

Il semble que l'enregistrement test ne fut pas conservé par Vardaro mais par le second bandonéon Jorge Fernández et il fut préservé par la famille de ce dernier après sa mort. Ne sachant comment le sauvegarder, ils décidèrent de le couvrir d'huile d'olive. Il fut finalement remis à un collectionneur privé qui nettoya l'huile dans un bain de vaseline (!) et effectua le transfert qu'il fit circuler parmi les collectionneurs. On le retrouve à présent « libéré » sous la forme d'un mp3 commercialisé.

Qu'advint-il de Vardaro ? En 1938, il codirigea brièvement un orchestre avec Lucio Demare. Puis il dirigea pendant quelque temps un orchestre de jazz. Il joua ensuite dans les orchestres d'Adolfo Pérez, Osvaldo Fresedo et Joaquín do Reyes. Quand il reconstitua un orchestre en 1944, son temps était passé. Pour que resurgissent ses idées, il faudra attendre qu'émerge un membre de l'école décaréenne : Pedro Laurenz.

13 / Pedro Laurenz :
le héraut de la décennie glorieuse

Guide d'écoute

ORQUESTA PEDRO LAURENZ

1/Arrabal (1937)

canta Héctor Farrel:
2/Abandono (1937)

canta Juan Carlos Casas:
3/No me extraña (1940) 4/Mascarita (v) (1940)

canta Martín Podestá:
5/ La vida es una milonga (m) (1941)

canta Alberto Podestá:
6/Nunca tuvo novio (1943)
7/Alma de bohemio (1943)

canta Carlos Bermúdez:
8/Más solo que nunca (1944)

Commençons par une affirmation audacieuse : si D'Arienzo est celui qui a rendu l'Age d'Or possible, alors l'homme qui l'a inauguré est Pedro Laurenz.

Je m'explique. D'Arienzo est l'homme qui avait fait se lever toute la ville. Il y a pourtant une autre vision de Juan D'Arienzo en Argentine, que nous n'avons fait qu'esquisser. Sa musique divisait l'opinion et continue à le faire. L'appréciation que l'intelligentsia argentine portait sur sa musique était plus que réservée. Beaucoup la voyaient comme un pas en arrière dans le développement du tango, et cette opinion reste largement partagée. Voici par exemple la vision de José Gobello (écrivain argentin et expert en lunfardo), cité sur le plus important site web de tango d'Argentine[16] :

> *Les amateurs de tango méprisent D'Arienzo. Ils le considèrent comme une sorte de démagogue du tango.*

Et le paragraphe suivant enfonce le clou, lorsqu'il répond à Piazzolla – celui-ci se plaint de ce que les gens aiment la vieille musique, la « musique des morts » – en disant que l'on ne peut blâmer des enfants d'aimer les livres d'enfants. Mais qui donc doit être considéré comme un amateur de tango, lorsque des millions de danseurs de tango sont laissés pour compte ?

Mais faisons-nous l'avocat du diable et pour comprendre la raison de ces critiques, remontons en 1937. D'Arienzo est au faîte de sa renommée, avec Biagi au piano; ni Troilo ni Pugliese ne sont encore apparus, et Di Sarli est toujours dans son exil volontaire. D'Arienzo vole haut. C'est alors que Pedro Laurenz réalise son premier enregistrement, une interprétation tellement inventive qu'elle a dû exploser comme une grenade sur la scène musicale de Buenos Aires, même s'il n'en vendit pas beaucoup de disques. Le titre est ***Arrabal***.

---

[16] http://www.todotango.com/english/creadores/jdarienzo.html (accès : 20th June 2012). Publié à l'origine en *Tango y Lunfardo* Nº 132, Année XIV, Chivilcoy, 16 septembre 1997

Les tangos qui ont fait l'histoire

Nous ne parlons pas de **La cumparsita** ni du premier tango chanté par Gardel **Mi noche triste** : nous nous intéressons aux œuvres qui ont ouvert des voies sur le plan musical.

1897 : **El entrerriano** (Rosendo Mendizábal). Bien que n'étant pas tout à fait le premier tango composé – Prudencio Aragón avait étrenné **El talar** vers 1894 – c'est de l'œuvre de Mendizábal que tout le monde se souvient. Ce tango a suscité un très fort engouement et été interprété par D'Arienzo, Biagi, Firpo, Canaro, Maffia, Fresedo, De Angelis, Troilo et Pugliese. Les deux tangos cités ont la structure ABACA.

La légende dit que ce tango fut joué le fameux soir de 1912 où le playboy argentin Ricardo Guiraldes stupéfia la bonne société parisienne en dansant un tango dans un salon à la mode.

Il fut suivi de **Don Juan** (Ernesto Ponzio 1898), la première composition enregistrée par un orchestre de tango (Greco en 1911). Dans la même veine, nous avons **El choclo** (Ángel Villoldo 1903) et **La morocha** (Enrique Saborido / Ángel Villoldo 1905), plus mélodique. Toutes ces œuvres font partie du répertoire classique.

1909 : **Ojos negros** (Vicente Greco). Quiconque a entendu la version que Troilo enregistra en 1950 aura peine à croire que ce tango ait été composé il y a si longtemps. Ojos Negros préfigure les changements à venir. La musique a une mélodie très prenante (offerte dit-on à Greco par son ami Prudencio Aragón) et une atmosphère sentimentale avec en toile de fond le rythme canyengue de la 2 x 4.

1914 : **Alma de bohemio** (Roberto Firpo). La couverture de la partition dit « *Tango de concierto* » – un tango de concert. Firpo l'écrivit pour la scène, ce qui lui laissa la liberté de composer une pièce imprégnée d'émotion.

1917 : **Gallo ciego** (Agustín Bardi), l'un des tangos qui illustrent le changement de mesure vers le 4 x 8. Non seulement **Gallo ciego** a été choisi par D'Arienzo et Tanturi qui ont tous deux enregistré ce pilier du répertoire de la *guardia vieja*, mais sa structure répétitive a aussi été une inspiration évidente pour Osvaldo Pugliese qui l'enregistra en 1959. L'autre tango qui marque ce changement est **Comme il faut** d'Eduardo Arolas (1917), gravé trois fois par Di Sarli. Ces deux tangos sont structurés autour de huitièmes tranchantes.

1917 : **Sans souci** (Enrique Delfino). Voici un nouveau type de tango « romantique » (« tango romanza ») qui suit la voie ouverte par Firpo avec **Alma de Bohemio**. Juan Carlos Cobián développe au même moment des idées similaires, mais ce tango fut celui qui se fit une place dans le répertoire. Le nom vient d'un parfum lancé la même année par Yardley.

1921 : **La cachila** (Eduardo Arolas). La très belle mélodie est sans conteste à 4 temps mais sa phrase la plus longue indique clairement le 4 x 4. **La cachila** réalise la synthèse du tango romantique de Delfino et Cobián avec le 4 x 8 d'Arolas et Bardí. Ce tango marque la fin de la *guardia vieja*.

1925 : **Recuerdo** (Osvaldo Pugliese). Symbolisant la naissance du 4 x 4, ce tango possède néanmoins une forte pulsation rythmique qui le rend génial pour la danse.

1927 : **Flores negras** (Francisco De Caro). L'une des plus belles mélodies jamais écrites pour le tango, aux phrasés et harmonies exquis. C'est la mélodie et non le rythme qui dirige cette œuvre. Voici le manifeste de l'école 4 x 4.

1934 : **Arrabal** (José Pascual). C'est pour le danseur l'un des plus grands tangos jamais écrits.

1946 : **La yumba** (Osvaldo Pugliese). Pugliese ressuscite les idées sous-jacentes au **Gallo ciego** de Bardí pour composer son chef d'œuvre.

Laurenz était en studio d'enregistrement le 24 septembre 1937. Juste par curiosité, voyons ce que D'Arienzo enregistrait au même moment. La chance fait que D'Arienzo était dans le studio deux jours auparavant, gravant **El caburé** et **Milonga vieja milonga**.

Comparez ces enregistrements et **Arrabal** gagne haut la main. Dès les notes d'ouverture – une sauvage arabesque aux bandonéons – la musique se situe tout simplement à un autre niveau. Elle pétille de créativité et d'invention. D'Arienzo peut bien être le roi du tempo, Laurenz peut lui en remontrer au sujet du rythme quand il enclenche à volonté un rythme 3-3-2 fortement syncopé, à rendre fous les danseurs.

Avant que je ne me laisse trop emporter, rappelons-nous que beaucoup du génie de ce morceau vient du compositeur d'**Arrabal**, José Pascual, le pianiste du sextuor disparu de Vardaro. Quand fut écrit ce tango ? Arrabal faisait sensation en 1937 mais ce tango a été composé en 1934. Vardaro le jouait au Café Germinal. Le bandonéoniste Andrés Natale se souvient de l'y avoir entendu en 1934 lorsqu'il n'avait que 9 ans. Voyant le garçon essayer des accords au bandonéon, Troilo vint à lui pour l'aider, et José Pascual lui donna la partition d'Arrabal[17]. Un autre auditeur du **Arrabal** de Vardaro était le jeune Astor Piazzolla, qui se souvient avec netteté d'avoir entendu le sextuor dans une émission de radio en mai 1938[18]. Il qualifie l'interprétation de « *celestial* » – céleste.

Le triomphe du 4 x 4

Arrabal révèle les limites du 2 x 4 : elles se situent dans le phrasé. N'oubliez pas que D'Arienzo avait rejeté le 4 x 4 de De Caro, revenant à ce que l'on appelle le 2 x 4 (en réalité 4 x 8) de la *guardia vieja*. Laurenz n'en fait rien, lui qui est issu de l'école de Julio De Caro et a assimilé toutes ses idées. Il en reste au 4 x 4 mais en fait de la mu-

---

[17] http://recordandotangos.blogspot.com/2009/05/la-musica-abre-puertas-que-nadie.html (accès June 2012)

[18] María Suzana Azzi, Simon Collier : *Le Grand Tango: The Life and Music of Astor Piazzolla*, OUP 2000, pp19-20

sique pour danser. Cela peut paraître simpliste mais 4 x 4 est deux fois plus long que 2 x 4, ce qui signifie qu'il est bien plus facile de jouer des phrases plus longues ou plus complexes. Laurenz en profite pleinement. Il est l'un des bandonéonistes virtuoses les plus accomplis de tous les temps et fait de ce morceau une vitrine à la fois de sa vision musicale et de ses capacités instrumentales. La *variación* finale au bandonéon est difficile à décrire : ce n'est pas une longue phrase sans respiration – comme on peut l'entendre dans **Abandono** qui fut enregistré en même temps et figure sur l'autre face du disque – mais une succession d'épanchements exubérants et joyeux, d'une créativité inégalée. Les notes sont lancées en l'air comme des bouquets de fleurs. Je ne connais rien d'équivalent : c'est comme si le musicien ne parvenait plus à contenir la musique qui est en lui.

Voici la musique qui est écrite, mais tout est dans l'interprétation. Disons que la musique de tango est 90% composition et 90% interprétation ! Nous l'avons vu dans le **Tigre viejo** de Vardaro, sa version a infiniment plus de punch que celle de Fresedo. Il en est de même avec les créations du sextuor de Julio De Caro, qui furent merveilleusement transformées par Osvaldo Pugliese en chef-d'œuvres à danser. **Arrabal** est le descendant direct du **Tigre viejo** de Vardaro. Cette fois l'arrangement n'est pas tant dans la transformation, car l'œuvre porte en elle les conceptions audacieuses du sextuor de Vardaro. On observera toutefois que, hormis Francini-Pontier en 1946, le seul orchestre à enregistrer **Arrabal** est le compagnon pionnier Osvaldo Pugliese. Aucun des autres orchestres de danse – Troilo, D'Arienzo, Di Sarli – ne l'inclurent dans leur répertoire, pas plus que les grands innovateurs du début des années 1950 tels que Salgán et Gobbi. Personne ne tentera une nouvelle version avant 1955, quand Piazzolla écrivit un arrangement pour son octuor. Piazzolla écrit qu'il était très original pour l'époque, mais il n'a pas l'énergie de la version de Laurenz.

Pedro Laurenz dispose aussi d'un admirable pianiste pourvu d'un excellent toucher et d'un timing très juste. On peut se demander s'il ne s'agirait pas de José Pascual, le pianiste de Vardaro, mais il s'avère que c'est Héctor Grané, un musicien par ailleurs inconnu. Voici la richesse de la scène musicale à cette époque ! Le jeu de Grané est bon partout mais il excelle dans les valses où il assure la conduite rythmique de l'orchestre.

Nous parlons du **Milongueando en el '40** de Troilo comme étant le manifeste des années 1940, mais trois années auparavant, tout est déjà là dans cette incroyable réalisation. Laurenz est nettement en avance sur son temps.

Laurenz, un prodige du bandonéon

Il serait intéressant de faire une liste des dix meilleures *variaciones* de toute la musique de tango (la *variación* est ce passage au phrasé sinueux que l'on entend d'habitude à la fin d'un morceau). Nous verrions alors Laurenz occuper plus de la moitié de la liste. Juan D'Arienzo a une *section* de bandonéons fantastique, mais l'interprète remarquable du moment est Laurenz. Ses enregistrements de ces années contiennent une série d'éblouissantes *variaciones* qui nous stupéfient. Beaucoup d'interprètes jouent du bandonéon seulement dans une direction, vers l'extérieur, en ouvrant les soufflets, et profitent d'une pause dans la musique pour laisser la valve s'ouvrir et comprimer de nouveau les soufflets. On peut dire que le bandonéon reprend littéralement son souffle. Ceci s'entend par exemple dans les variations de D'Arienzo.

Pour le musicien, il y a deux raisons à cela. Premièrement, le bandonéon est à double son : le même bouton permet d'obtenir un son différent selon que l'on ferme (vers l'intérieur) ou que l'on ouvre (vers l'extérieur) les soufflets, ce qui signifie que l'on doit apprendre le clavier en double. Chaque interprète connaît et utilise à un certain degré ces doigtés différents, toutefois il y a une autre raison pour ne pas beaucoup les utiliser : il est beaucoup plus difficile d'obtenir la même qualité sonore en jouant vers l'intérieur.

En écoutant les variations réalisées par l'orchestre de Laurenz, il me semble que ce dernier joue dans les deux directions car les phrases sont bien trop longues pour être jouées avec des respirations, telles que décrites plus haut. Ceci donne à l'auditeur une impression de souffle court qui est extraordinairement stimulante.

Nous avons mentionné la face B du thème *Arrabal*, **Abandono**, mais il y a un morceau que je préfère, et c'est **No me extraña** (1940). Il m'est difficile de dire pourquoi car les deux arrangements sont très bons et les *variaciones* fantastiques. La musique de l'orchestre de Laurenz est tellement riche en idées et pleine d'énergie qu'elle donne un peu l'impression d'un train au bord du déraillement – comme pour le sextuor de Vardaro, sauf qu'il s'agit à présent d'un orchestre complet. **No me extraña** est juste un peu plus mesuré. Peut-être y a t-il là exactement la dose de sauvagerie que je peux accepter mais j'aime à penser que c'est justement la combinaison de sauvagerie et de retenue qui rend ce morceau si passionnant.

Laurenz est un remarquable interprète de valses, bien qu'il soit difficile de l'apprécier à partir des transferts disponibles – celui de **Caserón de tejas** est à peine acceptable tandis que **Flores del alma** n'a jamais été édité. On se consolera en écoutant **Mascarita**, une autre œuvre inventive et enthousiasmante. Les milongas aussi nous entraînent irrésistiblement : dans **La vida es una milonga**, par exemple on entend juste au début un riff de bandonéon presque hypnotique, et à la fin une *variación* joyeuse au piano.

L'arrivée d'Alberto Podestá

A l'écoute, on distingue nettement deux périodes dans la musique de Laurenz : avant l'arrivée du chanteur Alberto Podestá au début de 1943, et après. Avec l'intégration de Podestá dans l'orchestre, Laurenz marque des points car Podestá remporte au même moment un grand succès avec Di Sarli et le quitter pour Laurenz implique un cachet bien moindre. Leur premier enregistrement en avril 1943, le sublime **Nunca tuvo novio**, forme un pont entre les deux périodes. On comprend dans ce tango pourquoi Podestá a choisi de rejoindre Laurenz : la conception audacieuse de l'orchestre et le choix du répertoire donnent à sa voix l'espace nécessaire pour surgir et s'envoler. C'est une grande performance, l'une des meilleures de l'orchestre.

Lors de leur seconde session d'enregistrement, trois mois plus tard, la musique a évolué à tel point qu'il semble s'agir d'un autre orchestre. **Alma de bohemio** est un chef-d'œuvre et s'apparente à une ligne de partage des eaux de la musique de tango. Quand Podestá fait son entrée – au bout d'une minute, comme de juste – il attaque la partie chantée et s'envole immédiatement dans l'azur, tenant une note pas moins de dix secondes, pendant que l'orchestre l'accompagne a minima (*comps*[19]) puis reste silencieux.

Quatre ans s'écouleront avant qu'un autre orchestre, celui de D'Agostino en 1947, ne se risque de nouveau à un tel effet. Voici l'orchestre de Laurenz, osant sans relâche, prenant toujours des risques dans sa musique, à chaque fois en avance sur son temps et ne faisant aucun compromis d'ordre commercial. La musique est une merveille, entraînante à souhait mais avec un dosage parfait d'intelligence et d'audace.

Podestá resta seulement une année avant de revenir chez Di Sarli que son rival Roberto Rufino avait quitté. **Carlos Bermúdez** le remplaça. Nous sommes en 1944 et la musique s'est assagie et propose moins de feux d'artifices, mais elle est toujours finement ciselée et dansable. **Más solo que nunca** en est un bel exemple, pourvu de toutes ces qualités.

La carrière de l'orchestre de Laurenz

Après cette profusion de louanges, vous penserez sans doute que la carrière de Laurenz n'est qu'une série de succès. La discographie nous raconte une autre histoire. En 1937, Laurenz enregistre deux 78 tours. En 1938, un seul, et en 1939, aucun. Laurenz n'a pas vraiment le sens du commerce, et ni le public ni (surtout) les maisons de disques ne sont prêtes. Le succès attendra 1940 et même alors Laurenz ne sera pas prolifique, n'enregistrant que 28 disques – 56 titres – entre l'apparition de l'orchestre en 1937 et fin 1944, date à laquelle il cessera momentanément d'enregistrer. Si l'on songe au

---

[19] en jazz, le *comping* est une abréviation pour un accompagnement simple qui soutient un solo instrumental.

nombre de titres qu'un *orquesta típica* en exercice pouvait compter à son répertoire (50, 100 ?), on peut imaginer combien de trésors sont restées vierges d'enregistrement et ne sont gravés que dans les souvenirs de ceux qui les ont entendu jouer.

Ces réflexions me rappellent pourquoi je préfère les enregistrements analogiques aux numériques. Dans l'ancien système acoustique, les vibrations de l'air, induites par les musiciens, activaient le stylet gravant la cire. Pensez-y un instant : le son créait directement l'enregistrement, sans aucun intermédiaire ni traitement. Les musiciens mettaient en vibration l'air qui, à son tour, découpait la cire.

Quand fut introduit l'enregistrement électrique, cette connexion directe persista. Il y avait toujours une ligne directe entre le musicien et le disque. C'était littéralement une copie de la musique en train d'être jouée, et c'est pourquoi on les appelle enregistrements.

A l'époque du numérique, tout ceci a disparu.

Pedro Laurenz en CD : que faut-il écouter ?

Toute la production de Laurenz pendant ces années est superbe. Une fois de plus dans l'histoire, c'est une honte que les maisons de disques n'aient pas édité tous les enregistrements disponibles, vu leur petit nombre. La version de Laurenz de **Flores del alma** – une des valses les plus irrésistibles jamais enregistrée – n'a jamais figuré sur un CD du commerce, et même EMI n'a pas daigné éditer **Arrabal**, l'un des plus importants tangos de tous les temps. C'est un véritable scandale. Le meilleur CD provient d'une autre nation d'amoureux du tango : la France.

Laurenz passa de Victor à Odeón au cours de l'année 1943 et Reliquias propose uniquement ces enregistrements sur CD :

CD	le chant du monde	274 2314	Pedro Laurenz – Patria Mía	2013
mp3	RCA		Serie 78 RPM : Orquestas De Antaño - Pedro Laurenz	2011
CD	Reliquias	529110	Creaciones inolvidables con Podestá y Bermúdez	2000

Pedro Laurenz – discographie (1937-1944)

1	14.07.37	Enamorado	Héctor Farrel	ranchera
2	14.07.37	Milonga de mis amores	Héctor Farrel	milonga
3	24.09.37	Arrabal		
4	24.09.37	Abandono	Héctor Farrel	
5	12.05.38	Vieja amiga	Juan Carlos Casas	
6	15.05.38	Milonga compadre	Juan Carlos Casas	milonga
7	25.01.40	No me extraña	Juan Carlos Casas	
8	25.01.40	De puro guapo	Juan Carlos Casas	
9	21.01.40	Mascarita	Juan Carlos Casas	vals
10	21.02.40	Desconsuelo	Juan Carlos Casas	
11	28.06.40	Milonga de mi flor	Juan Carlos Casas	milonga
12	28.06.40	Como dos extraños	Juan Carlos Casas	
13	29.07.40	Amurado	Juan Carlos Casas	
14	29.07.40	Improvisando	Juan Carlos Casas	milonga
15	05.09.41	La vida es una milonga	Martín Podestá	milonga
16	05.09.41	Orgullo criollo		
17	02.12.41	Quédate tranquilo	Martín Podestá	
18	02.12.41	Poca suerte		
19	07.01.42	Al verla pasar	Martín Podestá	
20	07.01.42	Flores del alma	Martín Podestá	vals
21	31.03.42	Es mejor perdonar	Alberto Del Campo	
22	31.03.42	Caserón de tejas	Alberto Del Campo	vals
23	16.06.42	Corazón encadenado	Juan Carlos Casas	
24	16.06.42	Taconeando	Juan Carlos Casas	
25	20.10.42	A mí déjame en mi barrio	Juan Carlos Casas	
26	20.10.42	Chatero de aquel entonces	Juan Carlos Casas	milonga
27	02.12.42	Firuletear de bandoneón	Juan Carlos Casas	
28	02.12.42	María Remedios	Alberto Fuentes	vals
29	16.04.43	Nunca tuvo novio	Alberto Podestá	
30	16.04.43	Veinticuatro de agosto	Alberto Podestá	
31	15.07.43	Alma de bohemio	Alberto Podestá	
32	15.07.43	Patria mía	Alberto Podestá	
33	06.08.43	Garúa	Alberto Podestá	
34	06.08.43	Paisaje	Alberto Podestá	vals
35	22.09.43	Recién	Alberto Podestá	
36	22.09.43	Que nunca me falte	Alberto Podestá	
37	16.11.43	Yo quiero cantar un tango	Alberto Podestá	
38	16.11.43	Yo soy de San Telmo	Alberto Podestá	milonga
39	09.12.43	Todo	Alberto Podestá	
40	09.12.43	Maldonado	Alberto Podestá	milonga
41	14.01.44	Como el hornero	Alberto Podestá	
42	14.01.44	Milonga de mis amores		milonga
43	01.03.44	El criollito oriental	Alberto Podestá	milonga

44	01.03.44	Muchachos... mi último tango	Alberto Podestá	
45	26.04.44	Más solo que nunca	Carlos Bermúdez	
46	26.04.44	Llueve otra vez	Carlos Bermúdez	
47	26.04.44	Temblando	Carlos Bermúdez	vals
48	26.04.44	La madrugada	Carlos Bermúdez	
49	18.07.44	Naranjo en flor	Jorge Linares	
50	18.07.44	Corazón que me maltratas	Carlos Bermúdez	
51	07.08.44	Me están sobrando las penas	Carlos Bermúdez	
52	07.08.44	Esta noche al pasar	Jorge Linares	
53	04.10.44	Nada más que un corazón	Carlos Bermúdez	
54	04.10.44	Barrio tranquilo	Jorge Linares	
55	19.12.44	Trenzas	Jorge Linares	
56	19.12.44	Mendocina	Carlos Bermúdez ; Jorge Linares	vals

14/ Roberto Firpo :
le héros oublié

Guide d'écoute

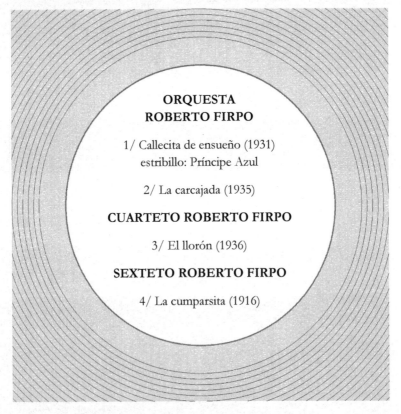

ORQUESTA
ROBERTO FIRPO

1/ Callecita de ensueño (1931)
estribillo: Príncipe Azul

2/ La carcajada (1935)

CUARTETO ROBERTO FIRPO

3/ El llorón (1936)

SEXTETO ROBERTO FIRPO

4/ La cumparsita (1916)

La musique de Firpo est difficile à trouver dans le commerce. Je vous invite à regarder le site web www.tangomusicsecrets.com, il peut arriver que la liste soit remise à jour grâce à de nouvelles parutions.

Les années 1920 ont été marquées par deux grands innovateurs, deux chefs d'orchestre qui ont brillé non seulement par leur influence mais aussi par leur succès. Le premier était Canaro dont nous avons parlé plus haut dans ce livre. Il est sans conteste très connu, même si la part la plus diffusée de son œuvre n'est pas la meilleure. L'autre était Roberto Firpo. Il est triste de constater que de nos jours il est au mieux une figure marginale auprès du public de tango moderne.

Firpo était un compositeur absolument remarquable. Une multitude de tangos qu'il a écrits sont devenus des classiques. Comme pianiste, il fut à l'origine du remplacement de la guitare par le piano au début des années 1910. Pourtant, comme directeur d'orchestre, il a sombré dans l'oubli.

Comme pour Canaro, ce qu'on retient de lui n'est pas le meilleur de son œuvre. Prononcez le nom de Firpo et la plupart penseront au quatuor de style *guardia vieja* qu'il forma fin 1935, capitalisant sur la révolution que D'Arienzo venait de lancer sur Buenos Aires, tel un ouragan. Le quatuor connut le succès à un moment où la popularité de Firpo déclinait. Ses meilleures années sont au contraire 1926-1935, lorsqu'il travaillait uniquement avec son orchestre. Beaucoup de danseurs de nos jours ne savent pas que Firpo avait un orchestre, mais c'était le cas et un orchestre admirable, innovant et couronné de succès. Cet orchestre grava plus de 2800 titres ! Il est ahurissant que de nos jours personne ne le sache. C'est véritablement l'orchestre oublié et cette amnésie s'étend aux maisons de disques qui ont réédité très peu de ce répertoire. EMI Odeón a uniquement un CD en production et pas de sa meilleure époque. Je prends des risques en affirmant cela, mais c'est toujours vrai au moment où sort la seconde édition de ce livre.

Le son de Firpo

Le son de l'orchestre de Firpo est caractéristique et très différent de celui auquel nous sommes habitués. Pour commencer, écoutons **Callecita de ensueño** de 1931. La partie chantée est le fait de

Príncipe Azul, littéralement le Prince Bleu (le Prince Charmant). Bien qu'il ne soit pas un chanteur de premier ordre, nous lui devons d'avoir trouvé le surnom de D'Arienzo, *El rey del compás*.

Ce qu'on remarque immédiatement, c'est le tempo très marqué. J'adore la façon dont Firpo traite le rythme. On se souvient comment Firpo passa de la guitare au piano (à ses dépens – voir plus loin) et en y ajoutant la contrebasse. Ces modifications signifient que dans les années 1920 l'*orquesta típica* nouvellement créée s'était dotée d'un nouveau moteur rythmique que ni les trios ni les quatuors de la première décennie du siècle ne possédaient. Au début des années 1910, Firpo devait, pour le faire accepter, conserver au piano un style proche de celui de la guitare. Il tira ensuite le meilleur parti des nouvelles possibilités de l'instrument, développant une rythmique robuste mais douce en même temps. C'est quelque chose que Canaro n'a pas vraiment réussi à faire.

On note ensuite le son des violons, joués de manière légèrement tranchante mais avec un vibrato si profond qu'il confine au gémissement. Firpo réussit à marier les différents instruments à la manière d'une aquarelle de sons. Selon moi, le seul autre orchestre auquel on puisse le comparer de ce point de vue est celui, plus tardif, de Carlos Di Sarli.

Les tangos de l'orchestre de Firpo, disponibles en CD, datent des années 1935-1936. Pourtant, à mon avis, ce sont les années 1929-1931 qui offrent la plus délicieuse combinaison de robustesse et de douceur. Jusqu'en 2011, ils étaient réservés aux collectionneurs et aux amateurs achetant leur musique au Japon, mais il existe maintenant deux albums mp3 de cette musique magnifique.

Quand éclata en 1936 la révolution menée par D'Arienzo, Firpo capitalisa sur la popularité retrouvée du répertoire de la *guardia vieja* en fondant un quatuor destiné à jouer dans le style d'antan. Il fut aussitôt très populaire et Canaro fit de même avec son Quinteto Pirincho. Ecoutez en particulier la rythmique bouillonnante de leur

percutante version de ***El llorón*** (1936).

L'activité du quatuor ne signifie pas que l'orchestre de Firpo avait cessé la sienne : Firpo continuait avec les deux formations. L'orchestre a réalisé quelques enregistrements remarquables dont **La carcajada** en 1935 (l'éclat de rire) dans lequel des violons grinçants imitent le son du rire. Canaro n'était pas le seul à essayer sans crainte des effets musicaux, et sur le plan musical, les expérimentations de Firpo s'avéraient encore plus réussies.

La fin de la guitare

Tandis que le tango se jouait de plus en plus à l'intérieur, la guitare fut rejointe par le piano, plus sonore et offrant plus de possibilités musicales. Il fut un temps pendant lequel guitare et piano coexistèrent mais ce n'était qu'une question de temps avant que la guitare ne cède la place. Le moment décisif vint en 1913 lorsque le restaurant Armenonville organisa un concours pour élire ses nouveaux artistes attitrés. Parmi les groupes auditionnés pour ce poste fort convoité figuraient les grands noms du moment, Juan Maglio et Genaro Espósito (Tano Genaro). Le groupe de Genaro comportait des guitares mais aussi un pianiste, Roberto Firpo. Ce dernier demanda à Genaro s'il ne voyait pas d'inconvénient à ce qu'il concoure pour son compte. Genaro répondit : « cela ne me dérange pas, allez-y, tentez votre chance ».[20]

Firpo forma pour l'occasion un trio avec le violoniste Tito Roccatagliata et le jeune bandonéoniste Eduardo Arolas, qui se faisait appeler le tigre du bandonéon. Ils remportèrent le concours. C'était une mauvaise nouvelle pour les guitaristes qui allaient devoir se battre pour travailler. L'un des guitaristes de Genaro exprima son dépit en allant vers Firpo comme pour le féliciter mais pour au contraire le poignarder dans le dos. Firpo fut hospitalisé.

Tous les guitaristes ne le prirent pas aussi mal. Leopoldo Thompson se mit à la contrebasse et devint le bassiste emblématique de la nouvelle époque, jouant avec Canaro et plus tard avec De Caro.

---

[20] Abel Curuchet : *Ultima charla con Roberto Firpo* (dernière conversation avec Firpo) dans Revista Crónicas Argentinas, cité par Claude, fils de Genaro Espósito http://www.genaroesposito.com.genaro-in-argentina.html

Firpo compositeur

Dans les années 1910, Firpo était un personnage important pour le développement du tango. Voici une sélection de ses compositions les plus originales, qui un siècle plus tard sont toutes devenues des classiques du répertoire.

1913 : ***El amanecer***. Le rendu de l'aube naissante par Firpo a selon certains été inspiré par la Symphonie Pastorale de Beethoven. On ne peut s'empêcher de remarquer qu'au même moment, Debussy terminait son second livre de Préludes, qualifiée de « musique impressionniste ». Ce tango était l'un des favoris de Carlos Di Sarli qui l'enregistra trois fois. La date exacte de sa composition est incertaine.

1914 : ***Alma de bohemio***, un morceau lyrique qui sonne moderne lorsque Pedro Laurenz s'en empare presque trente ans après. Il a aussi été enregistré par Biagi, Pugliese, Tanturi et D'Agostino, tout comme par le quatuor *guardia vieja* des années 1970 Los Tubatango. Très peu d'œuvres ont suscité un aussi fort engouement.

1920 : ***Fuegos artificiales*** (Feux d'artifice). Souvent cité comme le premier exemple de musique de tango descriptive, cette magnifique composition évoque tout à fait les sons d'une nuit de feux d'artifices. Bien que D'Arienzo et Troilo l'aient enregistrée à leur tour, l'orchestre de Firpo est le seul qui parvienne à faire durer l'effet tout au long du morceau. Ses violons plaintifs donnent véritablement la vie aux fusées lumineuses. J'ai écouté chacune de ses trois versions pendant un vrai feu d'artifice et je préfère la seconde (1928).

Parmi d'autres compositions célèbres, citons : ***Argañaraz*** (la version la plus remarquable est celle de Tanturi), ***Viviani*** (deux versions par Di Sarli) et ***El rápido*** (Biagi, Rodríguez, Varela et une version mémorable de Piazzolla en 1947). Firpo est aussi célèbre pour sa contribution à ***La cumparsita*** qui lui fut mise entre les mains en 1916 alors que ce n'était qu'une marche, pour en faire éventuellement un arrangement de tango. Il réussit et le quatuor de Firpo étrenna cette œuvre la nuit même. Firpo passa le restant de sa vie à se demander pourquoi il n'avait pas mis son nom sur la partition.

L'enregistrement par Firpo de **La cumparsita** en 1916 ouvre une véritable fenêtre dans le temps, comme si le son avait mis cent ans à voyager depuis le cornet du gramophone. Voici le tout premier enregistrement du tango le plus célèbre du monde et il peut être surprenant de constater à quel point il contenait déjà ce que nous y trouvons aujourd'hui. Ecoutez par exemple le violon *obbligato* – le solo de violon tremblé qui trace son chemin autour de la mélodie. Ce profond vibrato a commencé à disparaître avec les innovations de Julio de Caro qui donnèrent aux violonistes l'occasion de davantage s'exprimer.

Firpo éleveur de bétail

Est-ce bien vrai ? En 1930, ayant fait fortune avec le tango et apparemment au zénith de sa créativité, Firpo décida de se lancer dans l'élevage de bétail. Il acheta une grande propriété à la campagne, investissant l'essentiel de son argent dans un troupeau. La première année se déroula parfaitement et Firpo gagna un million de pesos. La seconde année, la majeure partie de son bétail se noya lors d'une des crues fréquentes du Rio Paraná. Firpo investit alors en bourse le peu qui lui restait, et un autre crash balaya sa mise de fonds. Il ne lui restait plus qu'à se remettre au travail.

C'est une belle histoire mais la discographie en raconte une autre plus nuancée. Firpo passa seulement trois mois hors des studios durant son expérience de propriétaire terrien et ce fut au début de 1931.

Roberto Firpo : que faut-il écouter ?

Orchestre :

CD	RGS	Tango Collection – Roberto Firpo	2011
mp3	DyM	tango classics 108 : que te han hecho los muchachos	2011
mp3	DyM	tango classics 109 : lo mismo que ayer	2011

Quatuor :

CD	Reliquias	De la guardia vieja	1996

15 / Francisco Lomuto : bien ancré dans le sol

Guide d'écoute

ORQUESTA FRANCISCO LOMUTO

1/ Mano a mano (1936) estribillo: Jorge Omar

2/ Si soy así (1933) estribillo: Fernando Díaz

3/ Nunca más (1931)
estribillo: Alberto Acuña/Fernando Díaz

4/ Te aconsejo que me olvides (1928)

5/ Congojas que matan (v) (1931)
estribillo: Alberto Acuña/Fernando Díaz

6/ Lo que vieron tus ojos (v) (1933)
estribillo: Fernando Díaz/Mercedes Simone

7/ Parque Patricios (m) (1941)
canta: Fernando Díaz

Comment un orchestre qui enregistra presque autant que D'Arienzo peut-il être aussi peu connu de nos jours ? La raison en est peut-être que Sony-BMG (qui possède le label RCA Victor) n'a édité aucun CD de lui. Pourquoi, c'est pour moi un mystère.

L'orchestre de Lomuto possède une caractéristique unique. Il sonne comme une version plus appuyée et plus musclée de Canaro et donne à sa musique une pulsation plus lourde.

Il s'avère que Canaro et Lomuto étaient amis. Quand Lomuto songea à se lancer, il demanda à son ami s'il pouvait venir dans sa formation pour apprendre les ficelles de la direction d'orchestre. Aussi, Canaro chez qui il fit son apprentissage fut celui qui l'influença le plus fortement. Cette influence est très claire dans les arrangements et à l'occasion dans le choix du répertoire.

Comme Canaro, Lomuto expérimenta l'adjonction de différents instruments – mais en petit nombre – dans sa formation. A l'instar de Canaro, sa musique n'était pas aventureuse dans le sens entendu par les historiens : il ne repoussait pas les frontières. C'était même l'inverse : la musique de Lomuto est conservatrice et elle s'adresse à cette même catégorie de la société. Son orchestre jouait à l'Ecole Navale et à la Casa del Gobierno – le Palais du Gouvernement lui-même. De Caro et Firpo pouvaient jouer pour la haute société, Lomuto, lui, jouait pour l'Establishment.

L'orchestre de Lomuto culmine au milieu des années 1930. Nous commencerons avec **Mano a mano**, un morceau de 1936 qui est selon moi sa meilleure année. C'est à cette époque que Canaro réalise ses plus grands succès avec le chanteur Roberto Maida. Il est évident dès le premier abord que le son de Lomuto est bien différent de celui de son contemporain immédiat. La pulsation possède un poids qui vient de la main gauche au piano, laquelle bat la mesure à l'unisson de la contrebasse. Le tempo est excellent pour la marche et il y a juste assez à écouter pour rendre la chose intéressante. L'interprétation lyrique de **Jorge Omar** donne un peu d'air à l'œuvre mais on ne peut pas dire que celle-ci vole, tant le chanteur est ancré dans le sol par les pieds d'éléphant de l'orchestre. Il en va de même avec tous les succès de la même année : **A la gran muñeca**, **La cumparsita** et une excellente version de **Nostalgias**. On peut aussi entendre un effet très caractéristique à la fin de tous ces tangos. La plupart des tangos finissent d'habitude par POM-POM, sur une cadence montante (le premier Pom est plus bas que le second), mais Lomuto fait l'inverse. Les musiciens nous diront qu'il s'agit d'une cadence de septième diminuée et cela donne aux finals une teinte unique, en contraste marqué avec les autres orchestres. Cette cadence est la signature de Lomuto à la fin de chaque tango.

Remontons l'horloge de quelques années jusqu'en 1933 : le rythme est un peu plus rapide mais pas vraiment très différent, comme par exemple dans le classique **Si soy así**, et encore deux années auparavant, dans **Nunca más** (1931), un autre classique de cet orchestre, il n'y a pas de vraie différence. Vous souvenez-vous que Canaro fit ses premières expérimentations d'un tempo très appuyé autour de 1930-1932 ? Le son de Lomuto à cette époque en est proche mais il ne semble pas avoir beaucoup évolué par la suite.

Toutefois, Lomuto a commencé à enregistrer dès 1922 et si nous remontons jusqu'à la fin des années 1920, une période très particulière de l'histoire du tango, on voit émerger une autre facette de sa musique. C'était l'âge des sextuors et les tangos de l'époque avaient un tempo lent et régulier, des qualités que l'on associe naturellement à Lomuto. Ceci veut-il dire qu'à la fin des années 1920 les enregistrements de Lomuto étaient ennuyeux ? Pas du tout, au contraire. La musique a plus de ressort. Ecoutez par exemple son **Te aconsejo que me olvides** de 1928, avec un piano grommelant de manière fantastique et une belle dynamique. Lomuto use ici d'une autre astuce. Vous vous souvenez du truc « *guardia vieja* » de D'Arienzo : de simples solos de violons joués très doucement sur la quatrième corde ? Lomuto fait de même mais à l'autre extrémité des cordes : des solos tout simples mais joués très fort sur la première corde.

Le répertoire de Lomuto

Lomuto fit la promotion d'un répertoire différent de celui des autres orchestres. Comme avec toute bonne formation, il y a des titres que l'on associe à son nom mais parfois la version de Lomuto est la seule existante. Dans cette catégorie, nos avons déjà mentionné **Nunca más** et **Si soy así**. Sans nous plonger dans la discographie, deux autres viennent aussitôt à l'esprit : **Dímelo al oído** et **Caminito**, l'un des plus célèbres *tango-canciones* ! On pourrait aussi inclure **Zorro gris** : bien que ce tango ait été repris plus tard par d'autres orchestres, la version de Lomuto reste la seule bonne interprétation de ce thème de la *guardia vieja*. **Nostalgias** a aussi été le seul enregistrement de ce succès de 1936 par un orchestre majeur, bien que nous puissions à présent apprécier la version raffinée du jeune Miguel Caló, après sa réédition en CD par Euro Records.

Lomuto apporte aussi ses qualités à la milonga, et tout spécialement à ses valses qui sont vraiment délicieuses, peut-être parce que l'esprit léger de la valse contrebalance le poids du tempo de Lomuto. Un exemple remarquable est **Lo que vieron tus ojos** (1933), chanté en duo avec la célèbre soliste **Mercedes Simone** comme seconde voix. Il n'y a que Donato qui ait tenté d'associer de cette façon des voix masculines et féminines. On rencontre une ambiance encore plus inhabituelle dans **Congojas que matan** qui met en valeur des harmonies vocales peu communes, en même temps que les plus hautes notes du bandonéon dessinent une contre-mélodie mélancolique.

Parmi les milongas de Lomuto, ses versions de **No hay tierra como la mía** (1939) et **Parque Patricios** (1941) montrent plus de punch que celles de Canaro – et donc les surpassent. Sans oublier l'incontournable **Qué tiempo aquel** (1938) dans laquelle Lomuto lui-même joue de la batterie, en écho à ses débuts en jazz. Cela swingue vraiment !

Ce qu'il faut noter de ces dates, eh bien ce sont…les dates ! Alors que Lomuto a enregistré avec succès dans les années 1940, ses classiques proviennent principalement des années 1930. Son orchestre appartient à la *guardia vieja*. Il a été assez malin pour survivre dans les années 1940 mais il ne contribue en aucune manière à la nouvelle vague des Di Sarli, Pugliese, Laurenz, Troilo et autres.

Dans les années 1930, cependant, son orchestre était de première importance, avec des qualités bien à lui. Cette musique crée une atmosphère spéciale qui n'est pas aujourd'hui appréciée à sa juste valeur par les danseurs et les DJ, pas plus que par les maisons de disques : un seul CD facilement disponible, pour un orchestre qui a gravé plus de 1000 titres ! Les collectionneurs sont à l'affût des CD japonais. Quelques-uns des meilleurs titres des années 1920 peuvent néanmoins être trouvés sur des rééditions mp3.

Francisco Lomuto : que faut-il écouter ?

mp3	RCA		Serie 78 RPM : Francisco Lomuto vol.1	2011
mp3	RCA		Serie 78 RPM : Francisco Lomuto vol.2	2011

Pour la musique de la fin des années 1920

CD/mp3	RGS	1715	Tango Collection (1927-1930)	2014

Les lecteurs européens peuvent acheter sur iTunes cet album mp3, qui apparaît comme une réédition de titres appartenant à trois CD épuisés du label 'el bandoneón'.

mp3	Mundo Latino		The Roots of Tango – Nostalgias	2012

16 / Osvaldo Fresedo : suave et précieux

Guide d'écoute

SEXTETO OSVALDO FRESEDO

1/ El once (1927)

ORQUESTA OSVALDO FRESEDO

2/ El once (1935) estribillo: Roberto Ray
3/ El once (1945)
4/ Vida mía (1933) estribillo: Roberto Ray
5/ Araca la cana (1933) estribillo: Roberto Ray
6/ Buscándote (1941) canta: Ricardo Ruiz
7/ Plegaria (1941) canta: Ricardo Ruiz

Voici ce que tout le monde a l'habitude de dire à propos de Fresedo : sa musique est suave, romantique, parfois sirupeuse. Bien entendu, c'est vrai pour l'essentiel et cela a aussi été ma première impression.

Pour une vue d'ensemble rapide de la production de Fresedo, on peut écouter trois versions de *El once*, un tango de sa propre composition qu'il enregistra à plusieurs reprises. La première version remonte à la période de son sextuor en 1927 ; la seconde, datant de 1935, appartient à l'âge d'or de Fresedo et met en valeur la voix de son chanteur emblématique Roberto Ray ; la troisième, de nouveau instrumentale, date de 1945.

Les notes d'ouverture des deux premières versions créent une impression similaire et tout à fait charmante. En comparaison, la version de 1945 paraît boursouflée : pendant les cinq premières secondes nous avons de la batterie, un grand *glissando* au piano et quelques accords au vibraphone. Aïe.

Des différences apparaissent à l'écoute attentive des deux premières versions. Elles sont représentatives des périodes d'enregistrement. Examinons-les de plus près.

Fresedo avec Roberto Ray : une combinaison suave

La version de 1935 de *El once* avec **Roberto Ray** est un classique, typique de leur production de l'époque. La voix de Ray est raffinée et la combinaison Fresedo-Ray est en effet pleine d'onctuosité. Elle nous rappelle un peu les enregistrements de Canaro avec Maida.

La voix légèrement retenue de Ray convient à merveille à l'atmosphère sophistiquée et huppée que crée l'orchestre ; c'est du tango chic, sorti directement du Palm Court à l'Hôtel Waldorf, le style de tango qui aurait eu parfaitement sa place dans un film hollywoodien des années 1930. On peut seulement se demander ce qu'un travailleur en aurait pensé dans ces années-là, mais il n'aurait pas eu beaucoup d'opportunités d'écouter cette musique ailleurs qu'à la radio : Fresedo était né dans une famille aisée et sa clientèle appartenait à la haute société.

Voici qui pourrait sembler surprenant, mais Ray rejoignit l'orchestre de Fresedo dès 1933 et chantait déjà avec lui de façon occasionnelle en 1931. Or vous vous souvenez qu'au début des années 1930, Canaro avait adopté un tempo plus énergique avant de revenir à un style plus doux avec Roberto Maida en 1935. Fresedo effectue une transition bien plus graduelle et avec le recul on se demande s'il ne pourrait pas avoir influencé Canaro parce que les titres de 1933 avec Ray ont déjà le style et toutes les caractéristiques de ceux qui suivront. La qualité est constamment élevée : il n'y a pas un seul mauvais enregistrement, et ses étonnants fox-trots ou rumbas sont également agréables. De plus, le son de l'orchestre ne change pas vraiment durant toutes ces années (1933-1939) : l'allure et l'atmosphère de **Vida mía**, enregistré en septembre 1933, sont très similaires par exemple à celles de **Ojos muertos**, enregistré en novembre 1938. Ce n'est qu'en comparant les deux extrêmes de cette période que nous pouvons entendre une évolution : les titres datant de la dernière session avec Ray en janvier 1939 sont un peu plus sirupeux, préfigurant les années 1940 avec Ricardo Ruiz et les autres chanteurs, tandis que les tout premiers enregistrements de Ray comme **Araca la cana** (juin 1933) ont un tempo un peu plus rapide.

Ray quitta l'orchestre début 1939, juste au moment de la transition vers le *cantor de orquesta*. Après plus de sept années avec l'orchestre, il était probablement à la recherche d'un nouveau défi et forma son propre ensemble en collaboration avec le pianiste et arrangeur José Rizzuti. Ils avaient du succès à la radio mais ne laissèrent aucun enregistrement.

C'est dommage car Roberto Ray a eu une grande influence sur le développement du tango. Il a été peut-être le premier à chanter avec un orchestre sans chercher à s'identifier à un homme de la rue. De lui part une lignée de chanteurs qui passe par Roberto Maida et amène à Francisco Fiorentino. Roberto Ray n'est peut-être pas le premier *cantor de orquesta* mais il en est le précurseur.

Fresedo après Roberto Ray

Après Roberto Ray, Fresedo adopte un style de plus en plus précieux et son orchestre nous intéresse de moins en moins. Ses enregistrements avec Ricardo Ruiz vont du sublime (***Buscándote***) au ridicule (***Plegaria***). Fresedo choisit de belles voix comme celles de Carlos Mayel et surtout **Oscar Serpa**, qui continuera sa carrière avec Di Sarli. Serpa a réalisé quelques jolis enregistrements avec Fresedo. Il est toutefois difficile de les trouver avec une bonne fidélité, et en général Serpa ne peut en compenser les défauts.

1950 inaugura un grand changement chez Fresedo, comme cela fut le cas avec beaucoup d'orchestres. Il engagea Roberto Pansera comme arrangeur et effectua des changements dans toutes les directions, avec des milongas rapides et quelques arrangements de compositions de Piazzolla. Certains de ces titres sont acceptables mais aucun n'est devenu un classique.

Fresedo avant Roberto Ray

Le premier enregistrement de Fresedo date de 1922. Que faisait-il donc avant l'arrivée de Ray ? Ce n'est pas si facile à découvrir. Fresedo avait dans les années 1930-1932 signé avec le défunt label Brunswick et réalisé 48 enregistrements avec celui-ci. Bien qu'ils n'aient jamais été formellement regroupés dans un CD, sept de ces titres se cachent sur le CD 'Rendez-vous Porteño' (qui met en vedette quelques enregistrements publics du trompettiste de jazz Dizzy Gillespie improvisant avec l'orchestre durant une visite à Buenos Aires en 1956), plus quelques titres rendus disponibles par des collectionneurs privés. Les registres argentins de Brunswick ont été perdus (!) et nous ne connaissons pas les numéros de matrice – Brunswick ne les a pas imprimés sur les étiquettes – ni la période exacte pendant laquelle ces titres ont été gravés. A partir des numéros des disques, nous pouvons tout au plus classer à peu près la musique dans l'ordre chronologique.

Nous avons vu que Canaro avait changé son style vers 1930, abandonnant sa musique intime de la fin des années 1920 pour un rythme plus rapide et plus marqué. Nous savons aussi que les premiers enregistrements de Fresedo avec Ray sous le label Victor en 1933 étaient plus enlevés. Durant ses années avec Brunswick, explorait-il la même veine que Canaro ?

Il s'avère que non. Les titres gravés avec Brunswick sont assez semblables aux enregistrements du sextuor de la fin des années 1920 (voir plus loin sur ce sujet), jusqu'au tout derniers où l'on peut entendre les prémices du style romantique. L'allure n'augmente pas : Fresedo ne suit pas Canaro sur ce terrain, et d'ailleurs pourquoi le ferait-il, il avait bien assez de succès comme cela.

La transition des disques Brunswick aux Victor – avec Roberto Ray – est-elle donc progressive ? Pas vraiment. Il y a une différence de taille. Fresedo est passé du sextuor à l'orchestre et ceci lui permet de réaliser des orchestrations plus sophistiquées. Ce changement au niveau musical intervient très vite, en seulement quelques mois.

Le sextuor d'Osvaldo Fresedo

Que dire du sextuor de Fresedo ? Je brûle de tout vous raconter sur lui mais nous attendrons pour en parler vraiment le chapitre 19, sur l'ère des sextuors. Pour l'heure, écoutons l'enregistrement en sextuor de *El once* en 1927. Voici Fresedo avec une sensibilité romantique mais débarrassé des ornements sucrés qui envahiront plus tard sa musique : c'est du Fresedo dépouillé. J'adore.

Osvaldo Fresedo – plan de ses enregistrements

- 1922 - 1926 : enregistrements acoustiques (sextuor)
- 1926 - 1928 : enregistrements en sextuor avec Victor
- 1930 - 1932 : enregistrements en sextuor avec Brunswick, la plupart avec un *estribillista*
- 1933 - 1939 : enregistrements de l'orchestre avec Roberto Ray
- 1939 - 1941 : Ricardo Ruiz & Carlos Mayel
- 1942 - 1946 : Oscar Serpa

En fonction de ce qui précède, nous nous focaliserons sur les années 1926-1942, comme pour beaucoup d'autres orchestres.

Fresedo en CD : que faut-il écouter ?

Commençons par Roberto Ray, puis sélectionnons le meilleur des dernières années et mettons enfin la main sur les CD de 'Tango Collection' pour écouter les enregistrements du sextuor.

CD	TARG	41287	Tangos de salón	1996
mp3			Serie 78 RPM : Osvaldo Fresedo vol.1	2011
mp3			Serie 78 RPM : Osvaldo Fresedo vol.2	2011
CD/ mp3	RGS	1643	Tango Collection – Osvaldo Fresedo	2012

Pour les curieux, le CD 'Rendez-vous Porteño' de Acqua records mérite qu'on l'écoute pour les titres gravés avec Brunswick autour de 1931-1932, même si la fidélité sonore est médiocre.

17 / Alfredo De Angelis
& les deux ténors

Guide d'écoute

ORQUESTA ALFREDO DE ANGELIS

1/ Marioneta (1943) canta: Floreal Ruiz

2/ De igual a igual (1944) canta: Julio Martel, glosa Nestor Rodi

3/ La cumparsita (1944) glosa Nestor Rodi

4/ Pregonera (1945) cantan: Dante - Martel

5/ Soñar y nada más (v) (1944) cantan: Dante - Martel

6/ Soy un arlequín (1944) canta: Carlos Dante

7/ Va llegando gente al baile (1944) canta: Julio Martel

Alfredo De Angelis avait un orchestre de tango qui jouait pour les danseurs une musique légère et romantique. Vous pouvez considérer que le terme « musique légère et romantique » n'est pas forcément flatteur, et de fait, la musique d'Alfredo De Angelis n'était pas universellement appréciée. Ses détracteurs l'appelaient *música de calesita* – musique de manège – mais ne les prenons pas trop au sérieux. Il s'agit sans doute des mêmes personnes qui n'aimaient pas D'Arienzo.

De Angelis arrive un peu tard sur la scène, formant son orchestre en 1941 et effectuant ses premiers enregistrements en 1943. En ce temps-là, chaque orchestre qui pouvait se le permettre avait deux chanteurs. Qui De Angelis choisit-il ? Eh bien, son premier choix fut **Julio Martel,** jeune et relativement peu connu. De nos jours, aucun des enregistrements en solo de Julio Martel ne figure vraiment parmi nos classiques. Pour avoir une idée de sa voix, écoutons **De igual a igual,** qui comporte une introduction dramatique récitée, ou *glosa*. Si la voix qui chante par la suite vous semble différente de celle qui dit l'introduction, elle l'est bel et bien. A l'époque, chaque orchestre avait son propre présentateur, choisi pour son ton dramatique. Il était désigné pour lire les *glosas*. Je dis « lire » mais la *glosa* était de la poésie et comme telle elle était plus déclamée que lue.

Peu de *glosas* sont arrivées jusqu'au disque. Le plus célèbre exemple est **Café Domínguez** de Ángel D'Agostino, qui n'a qu'une *glosa* et pas de partie chantée. Les *glosas* de De Angelis étaient lues par son présentateur Nestor Rodi qui en enregistra un certain nombre, y compris une version ancienne et unique de **La cumparsita** que Rodi introduit de manière véhémente, passant ensuite le flambeau aux bandonéons de manière parfaite.

Il fallut une année à De Angelis pour trouver le bon partenaire pour Martel. La première année, le second chanteur était le très raffiné **Floreal Ruiz**. A l'écoute de leurs enregistrements tels que **Marioneta**, la combinaison fonctionne vraiment très bien. Peut-être que Ruiz jugeait qu'il méritait mieux – il chantera plus tard pour Troilo, l'orchestre de rêve pour n'importe quel chanteur. Peut-être qu'il était trop bon pour De Angelis. Quelle qu'en soit la raison, il partit et son remplaçant fut **Carlos Dante**.

En fait, Dante n'était pas vraiment un choix évident pour un jeune orchestre, parce qu'il était un vétéran de la vieille garde. Vers 1929 - 1930, il avait participé à la tournée en Espagne de Rafael Canaro (l'un des frères de Francisco Canaro). Il avait aussi chanté et enregistré avec le jeune Miguel Caló dans les années 1934 -1936. Après tous ces succès, il était fatigué de la vie de bohème et était près de prendre sa retraite. Il avait trouvé du travail dans une compagnie pétrolière et chantait à temps perdu pour un orchestre mineur. De Angelis le convainquit de retourner sous les projecteurs et de faire équipe avec Julio Martel, combinant ainsi la jeunesse et l'expérience.

La trouvaille de De Angelis venait simplement de ce que ces deux voix allaient très bien ensemble. Il était habituel pour les orchestres de faire occasionnellement chanter leurs deux voix en duo – nous en avons des exemples pour chacun des quatre grands orchestres. De Angelis se rendit rapidement compte que ses deux voix se mariaient exceptionnellement bien. La voix de Martel (pas exactement un ténor mais un baryton) était plus riche et plus grave, alors que celle de Dante pouvait plus s'élancer vers le haut. Bien que les deux fussent bonnes, aucune n'était au niveau de celles d'un Francisco Fiorentino ou d'un Roberto Chanel mais ensemble – le baryton de Martel donnant la tonalité grave et le ténor de Dante la plus haute – De Angelis possédait une combinaison gagnante. C'était un succès et le public adorait.

Ecoutez dans le tango **Pregonera**, le second duo qu'ils enregistrèrent ensemble, comment De Angelis combine les voix. Elles alternent dans la première strophe (quizz : qui entre le premier ?) puis se combinent dans le refrain. L'effet obtenu est exquis et il l'est encore plus dans les valses qui possèdent un véritable élan. **Soñar y nada más** en est un délicieux exemple, surpassant même l'interprétation de son compositeur, Francisco Canaro.

Pas uniquement un duo

La beauté des duos ne doit pas nous priver d'apprécier les titres que les deux chanteurs enregistrèrent individuellement. Je suggère de commencer par Carlos Dante et son tango *Soy un arlequín* (1945). Dante a un beau phrasé qui convient au caractère léger de l'orchestre. Martel en solo n'est pas aussi convaincant : il n'y a que ses premiers titres avec l'orchestre comme *Va llegando gente al baile* (1944) qui plaisent encore.

Ces deux chanteurs nous accompagnent tout au long des années 1940. Martel partira pour une carrière de soliste en 1951, avec semble-t-il les larmes aux yeux lors de sa dernière représentation. De Angelis le remplaça par la voix puissante de **Oscar Larroca** et de nouveau favorisa les duos. Sur le plan commercial il avait du succès et maintint son orchestre en activité jusqu'en 1991 – un tour de force – mais à de rares exceptions près, le meilleur de sa musique est – comme toujours – à chercher dans les disques des années 1940.

De Angelis en CD : que faut-il écouter ?

L'orchestre de De Angelis resta avec EMI-Odeón jusqu'en 1977 et grava son dernier album en 1985 (!).

EMI a réédité les deux tiers des 486 titres que De Angelis a gravés avec eux ; on peut estimer qu'étant donné la médiocre qualité de sa production tardive, c'est trop. Concentrons-nous donc sur les enregistrements du début. Les CD de 'From Argentina to the World' sont un bon moyen de se procurer le tardif mais unique instrumental *Pavadita* sans aller se perdre dans un répertoire moins intéressant.

Parmi les CD qui mettent en vedette Carlos Dante, le meilleur est le '20 Exitos vol.1' qui contient l'extraordinaire tango *Gloria*.

Reliquias	499993	Los dúos de Carlos Dante y Julio Martel	1999
EMI	371954	From Argentina to the World	1996
Reliquias	529106	Ruiz-Martel-Dante: sus primeros vocalistas	2000
Reliquias	595166	Los Primeros Instrumentales	2003
Reliquias	473889	20 Exitos vol.1 canta Carlos Dante	2004

18/ Lucio Demare : tango à l'italienne

Guide d'écoute

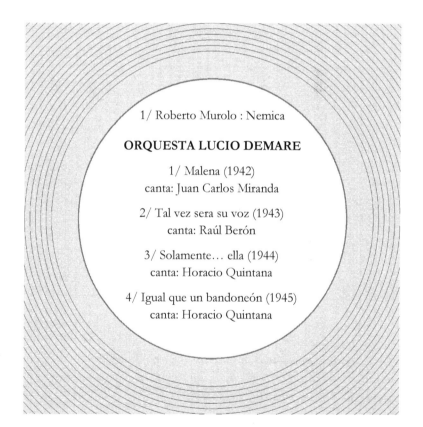

1/ Roberto Murolo : Nemica

ORQUESTA LUCIO DEMARE

1/ Malena (1942)
canta: Juan Carlos Miranda

2/ Tal vez sera su voz (1943)
canta: Raúl Berón

3/ Solamente… ella (1944)
canta: Horacio Quintana

4/ Igual que un bandoneón (1945)
canta: Horacio Quintana

S'il y eut un jour un orchestre manifestant l'influence de la chanson napolitaine sur le tango, c'est bien celui dirigé par Lucio Demare.

Là, je ne suis pas tout à fait sincère. Ou le suis-je ? La chanson napolitaine ne ressemble en rien au tango, n'est-ce-pas ?

Le plus grand représentant de la chanson napolitaine a été Roberto Murolo (1912-2003), natif de Naples et qui a abondamment enregistré durant sa longue carrière. Ecoutez par exemple **Nemica**, qui fut la première chanson sur laquelle je tombai alors que je cherchais sa musique en ligne, et dites-moi si elle ne pourrait pas être arrangée comme tango. Ensuite, notez le style du chant, qui est très lyrique. Eh bien, le lyrisme est exactement l'ingrédient qui distingue les tangos des années 1940 de ceux des années 1920. Les Italiens formaient la population d'origine étrangère la plus importante en Argentine et émigrèrent depuis des ports : au nord, Gênes et au sud, Naples ; c'est particulièrement vrai dans la période entre deux guerres, qui est exactement l'époque qui nous intéresse. L'espagnol argentin est essentiellement de l'espagnol avec un accent italien, et il s'avère que l'intonation *porteña* ressemble de très près à celle de Naples.

Ce lyrisme atteint son sommet dans l'association luxuriante de Lucio Demare avec son meilleur chanteur **Juan Carlos Miranda**. Leur plus célèbre enregistrement est l'emblématique *Malena* (1942), dont Demare écrivit lui-même la musique dans un café en moins de quinze minutes.

Après Miranda vint **Raúl Berón** qui, venant de chez Miguel Caló, intégra l'orchestre de Demare. Il gravèrent quelques beaux morceaux – écoutez par exemple ***Tal vez sera su voz*** (1943) – mais dans d'autres titres, la voix de Berón paraît trop légère pour les riches violons de l'orchestre de Demare. J'aurais préféré qu'il restât avec Caló.

Berón demeura seulement un an avec Demare et son remplaçant **Horacio Quintana** convient mieux à l'orchestre. Sa voix rappelle celle de Miranda, quoiqu'étant moins riche. ***Solamente… ella*** (1944) est une œuvre exquise, bien qu'un peu atypique de leur travail. Pour un tango plus caractéristique, écoutez *Igual que un bandoneón* (1945). Cette magnifique interprétation est sans nul doute à la hauteur de celle de Tanturi avec Campos.

Lucio Demare en CD : que faut-il écouter ?

Demare avait beaucoup de succès mais n'avait pas le sens du commerce, ce qui veut dire qu'il grava moins d'une centaine de titres, alors qu'il aurait pu en enregistrer beaucoup plus.

Commencez avec les disques réalisés avec Miranda et gardez à l'esprit qu'il enregistra *Malena* deux fois. La seconde version date de 1951 et, comme beaucoup d'interprétations chantées des années 1950, elle n'est pas très convaincante.

La milonga *La esquina* (1938), superbe et atypique, fut rééditée sur Euro records dans leur enregistrement 'Archivo Odeón', mais on ne peut actuellement la trouver qu'en mp3.

Pour finir, il existe un album de Demare au piano solo, enregistré à l'origine en 1968 et édité comme 33 tours. L'œuvre de piano solo de Demare peut sembler bien mélancolique ; elle dégage une atmosphère très différente de celle de son œuvre instrumentale. La version CD de cet album est épuisée. Ceci dit, pour entendre Demare en solo, je préfère de loin écouter le **Trio Argentino** dans lequel Lucio Demare accompagnait deux des premiers chanteurs de Canaro, Agustín Irusta et Roberto Fugazot. Un CD avec une bonne fidélité leur est consacré dans 'Tango Collection' de RGS.

Reliquias	529132	Sus éxitos con Miranda, Berón y Quintana	2000
Reliquias	541698	Sus primeros éxitos	2002
Reliquias	499978	Sus éxitos con Raúl Berón	1999
RGS	1692	Tango Collection : Trío Argentino	2011

Troisième partie

Les années folles

La décennie glorieuse dans son contexte

Dans ce livre, nous avons jusqu'ici exploré les orchestres de la décennie glorieuse et survolé les années qui la précèdent. Qu'avons-nous appris ? Dans les années 1930, on distingue deux tendances dans la musique de tango. Tout d'abord, le courant traditionnel : Canaro, Lomuto, Firpo, chacun peaufinant son propre style au sein de la musique de tango qui se métamorphose. Les grands noms survivent dans les années 1940 mais perdent de leur importance.

Dans un registre un peu plus audacieux, nous avons les romantiques, Fresedo et Di Sarli. Fresedo tire son épingle du jeu au milieu des années 1930 mais Di Sarli a disparu provisoirement de la scène. Il reviendra comme une force majeure de la décennie glorieuse.

Se dégage pour finir un groupe plus innovant, un petit groupe de musiciens qui cherchent à repousser les frontières du tango. Leur temps n'est pas encore venu. Certains (Laurenz, Pugliese) appartiennent à l'école de De Caro, d'autres non (Vardaro ou José Pascual). On peut faire remonter avec précision ce mouvement au sextuor Vardaro-Pugliese de 1930. Il est difficile de dire quand il arrive à maturité car les compagnies de disques n'enregistrent pas cette musique qu'elles n'estiment pas commerciale. Si nous en sommes aujourd'hui frustrés, nous ne pouvons qu'imaginer ce que les gens ont dû ressentir à l'époque. D'après ce que nous savons, cette musique arrive à maturité en 1937 avec **Arrabal** de Laurenz.

Nous sommes en revanche certains du moment où le public fut prêt à l'accepter : c'est fin 1938, quand s'opère la transition entre l'*estribillista* et le *cantor de orquesta*, le chanteur d'orchestre.

Il n'y a pas que la décennie glorieuse

Les Argentins insistent sur ce qu'ils appellent la « décennie glorieuse des années 1940 » pour des raisons socio-historiques : la vie nocturne de Buenos Aires battait alors son plein et la fameuse Calle

Corrientes (Avenue Corrientes) méritait sa réputation de « rue qui ne dort jamais ». Nous avons vu que comme danseurs, nous nous intéressons plutôt à une période légèrement antérieure, et notre propre décennie glorieuse va des années 1935 à 1944. Il est tout de même tentant de conclure qu'elle fut la « meilleure » époque du tango et que tout ce qui précède n'était que préliminaires.

D'Arienzo était l'artiste qui avait le plus de succès durant la décennie glorieuse, mais est-ce encore vrai toutes périodes confondues ? Nous avons laissé entendre que les choses ne sont pas si simples. Sans disposer de statistiques sur les ventes, nous savons à peu près combien d'enregistrements chaque groupe a réalisé. Ainsi, quelle a été la production des différents orchestres ? Afin d'évaluer notre perception de leur importance et leur succès, je vous invite à ordonner la liste qui suit, en prêtant une attention particulière aux quatre grands. Les réponses sont sur la page suivante.

- Biagi
- Caló
- Canaro
- D'Arienzo
- De Angelis
- De Caro
- Di Sarli
- Donato
- Firpo
- Fresedo
- Lomuto
- Maglio
- Orquesta Típica Victor (OTV)
- Pugliese
- Rodríguez
- Troilo

Nombre de titres enregistrés par les principaux orchestres

1/ Canaro : 3 798
2/ Firpo : 2 862
3/ Fresedo : 1 252
4/ D'Arienzo : 963 + 44* = 1 007
5/ Lomuto : 958
6/ Maglio : c. 900
7/ De Angelis : 551
8/ Pugliese : 473
9/ Troilo : 454 + 34 = 488
10/ OTV : 449
11/ De Caro : 417
12/ Caló : 384
13/ Di Sarli : 326 + 49 = 375
14/ Donato : 355
15/ Rodríguez : 354
16/ Biagi : 187

Quel est votre score ? Pas brillant, j'imagine, car parmi les quatre grands, seul D'Arienzo se situe dans les quatre premiers et Canaro fait presque quatre fois mieux. Que s'est-il passé ? Quand Canaro a-t-il enregistré tout cela ? Certainement pas dans les années 1940, lorsque que D'Arienzo vendait plus de disques que quiconque.

La réponse est qu'il y a eu beaucoup de tango hors de la simple décennie glorieuse. Canaro, Firpo, Fresedo et Lomuto ont produit énormément auparavant, c'est-à-dire dans les années 1920 et au début des années 1930. Il est temps pour nous d'en apprendre plus sur cette époque qui est importante non seulement pour les historiens mais aussi pour les danseurs.

---

* Le plus petit chiffre désigne le nombre d'enregistrements en sextuor pour D'Arienzo et Di Sarli, et en quatuor pour Troilo.

19 / L'ère des sextuors

Guide d'écoute

Julio De Caro :
El taita (Raza criolla) (1928)

Osvaldo Fresedo : Tinta verde (1928)
La cachila (1927)

Francisco Lomuto :
Te aconsejo que me olvides (1928)

Francisco Canaro : A media luz (1926)
Derecho viejo (1927)

Carlos Di Sarli : No te aguanto más (1929)

Pedro Maffia : Un pobre borracho (1929)

Juan Guido : Gusanito (1927)

L'ère des sextuors

L'époque dont je vous parle n'est pas vraiment les années 1920 mais plutôt la fin de celles-ci, une période bien précise durant laquelle les premiers sextuors – deux bandonéons, deux violons, un piano et une contrebasse – jouaient une musique fabuleuse que nous continuons à apprécier aujourd'hui. On peut la situer dans les années qui suivirent novembre 1926.

En peu de temps, l'ensemble de tango était passé d'un trio primitif formé d'une guitare, d'une flûte et d'un violon à un sextuor composé d'un piano, d'une contrebasse, de deux violons et de deux bandonéons, avec Canaro et Firpo comme chefs de file. Puis survint un événement remarquable : on inventa l'enregistrement électrique. Pourquoi est-ce important ? Comment enregistrait-on auparavant ?

Avant l'avènement de l'enregistrement électrique, les disques étaient gravés par voie acoustique. Le mécanisme était proche de celui de l'ancien phonographe mais opérait en sens inverse. Les musiciens se serraient tout autour d'un grand cornet qui transmettait le son à un stylet, lequel à son tour gravait le sillon dans la matrice de cire du disque.

Le problème avec ce système était surtout dû au cornet qui servait à recueillir le son et à le concentrer sur le stylet. Le son transmis sur le disque était celui qui avait atteint le bout du cornet, ce qui revenait à écouter l'orchestre en appliquant un cornet sur son oreille, un peu comme si vous alliez à l'opéra mais que vous écoutiez la musique non pas depuis l'auditorium mais du bout du couloir. La musique semble distante et étouffée car les notes très graves et très aigües n'arrivent tout simplement pas au bout du cornet.

Ce procédé fut révolutionné par la technologie mise au point en 1924 aux Laboratoires Bell aux Etats-Unis. L'innovation réelle était celle du tube à vide (ou amplificateur à lampes), qui rendait possible l'usage du microphone à condensateur. Ce dernier avait été inventé quelques années auparavant et possédait une bonne réponse en fréquence. Le hic était qu'il ne produisait pas à lui tout seul un signal électrique suffisant pour graver le disque.

En recourant au tube à vide, les ingénieurs des Laboratoires Bell créèrent le tout premier amplificateur, ce qui résolut le problème du faible signal du microphone. Pour l'enregistrement uniquement, le cornet acoustique était éliminé, ce qui signifie que les enregistrements n'avaient plus l'air lointains. Le progrès était énorme par rapport à l'ancienne méthode.

La nouvelle technologie parvint en Argentine à la fin de 1925 mais bizarrement ne fut pas mise en œuvre avant presque un an. Le problème était que les compagnies avaient de vastes stocks de disques acoustiques et craignaient qu'en criant sur les toits les avantages du nouveau système, le public ne les achète plus.

Odeón et Victor parvinrent à un accord à l'amiable et la nouvelle technologie fut introduite en douceur fin 1926, sans autre annonce que la présence de la lettre « e » (pour électrique) devant le numéro de la matrice. Le 8 novembre 1926, Odeón fit son premier enregistrement avec la nouvelle technique. Les matrices N°4 et 5 furent enregistrées par Firpo, mais les trois qui suivent, les N°6, 7 et 8, nous intéressent plus car elles furent confiées à Francisco Canaro. Curieusement, tous deux enregistrèrent le tango **Anoche a los dos**, mais l'œuvre passée à la postérité est l'autre face du disque, **A media luz**. Nous l'avons déjà écoutée auparavant quand nous explorions le travail de Canaro. Malgré les années écoulées, la fidélité du son comme la qualité de la musique sont remarquables.

Bien entendu, rien de tout cela ne serait d'un quelconque intérêt si la musique ne méritait pas qu'on l'écoute. Les sextuors de Fresedo et Lomuto enregistraient déjà en 1922, et Canaro encore plus tôt, mais leur musique est ennuyeuse. Qu'est-il arrivé dans l'intervalle ?

1926 : L'enregistrement électrique arrive en Argentine

Le registre d'Odeón montre que les matrices N°4 et N°5 allèrent à Firpo et les 6, 7 et 8 à Canaro. Qu'advint-il des trois premières ?

Odeón les alloua à Carlos Gardel qui était à ce moment sous contrat avec Victor. Gardel avait déjà l'expérience des enregistrements électriques, en ayant réalisés quelques-uns à Barcelone un an plus tôt. Le son de ces trois premiers enregistrements ne lui convenait pas et de ce fait ils ne furent jamais édités. Il continua quelque temps à enregistrer avec l'ancien système acoustique, jusqu'à ce que la nouvelle technologie le satisfasse pleinement.

Ces premiers enregistrements furent réalisés à 80 tours/mn. Ce fut seulement en 1927 qu'Odeón adopta le standard 78 tours. Le standard 80 tours ne dura que deux mois mais pendant ce laps de temps Canaro enregistra 12 titres et Firpo 47.

Vous entendrez parfois dire qu'autrefois la vitesse de gravure n'était pas bien contrôlée. Les phonographes des débuts avaient un levier pour réguler la vitesse de lecture et l'auditeur l'ajustait jusqu'à ce que la musique sonne juste — sans doute comme il l'entendrait lors d'un concert public ou à la radio.

C'est vrai mais c'était bien avant l'époque de l'enregistrement électrique. Tous les enregistrements de tango faits en 78 tours l'étaient réellement à cette vitesse. La confusion vient en fait d'une astuce que les maisons de disque utilisaient durant la décennie glorieuse : ils gravaient délibérément la matrice à une vitesse plus lente (on dit qu'Odeón utilisaient 76 tours/mn) de sorte qu'en passant le disque à 78 tours/mn, la musique apparaissait plus rapide et brillante. Les orchestres essayaient parfois de compenser en jouant plus lentement lors des séances d'enregistrements, mais le changement de ton était inévitable : les bandonéons ne peuvent être réaccordés.

L'influence de Julio De Caro

La réponse est que Julio De Caro a fait son apparition. En déclarant que « le tango c'est aussi de la musique » il s'autorisait à sortir des sentiers battus et à enrichir tous les instruments sur le plan harmonique. Aujourd'hui, on se souvient de tous ses musiciens pour ce que chacun a apporté : son frère Francisco pour la richesse de son jeu au piano, Julio lui-même pour son violon et, surtout, l'époustouflante virtuosité de ses deux bandonéonistes, Pedro Laurenz et Pedro Maffia, par exemple dans leur version de 1928 de *El taita **(Raza criolla)***, qui sera enregistré par Pugliese en 1945. La version de De Caro n'a rien de la passion et de l'élan des interprétations ultérieures de Pugliese mais l'arrangement est quasiment identique. De Caro fait circuler la mélodie dans sa formation un peu à la manière d'un orchestre symphonique jouant Tchaïkovski.

La musique

Le sextuor le plus accessible est sans aucun doute celui de Canaro. Comme nous l'avons noté plus haut, ses enregistrements avec cette formation sont déjà très élaborés sur le plan musical et il y a beaucoup d'éléments stylistiques que l'on reconnaît dans son travail ultérieur, par exemple le style de ses arrangements pour le bandonéon. Nous avons écouté des œuvres d'une extraordinaire inventivité comme ***Derecho viejo*** (1927).

Néanmoins, si je devais choisir un seul de ces sextuors pour votre écoute, ce serait celui d'Osvaldo Fresedo. Débarrassé des fioritures sirupeuses qui submergeront plus tard sa musique, Fresedo apparaît comme un maître du rythme et de la tension. Qui l'aurait cru ? Les arrangements, tout en étant aérés, ont de la chair et du mordant et sont par moments littéralement félins comme dans ***La cachila*** (1927). Voici une composition inhabituelle et audacieuse mais l'arrangement n'est pas moins audacieux. Canaro, qui a tout enregistré – et plus de 300 titres dans la seule année 1927 – ne s'y risqua jamais. C'est du Fresedo pratiquement méconnaissable, loin de l'orchestre qui nous est familier. Il y a dans cette musique tant de choses à apprécier et dont Fresedo se passera plus tard ; par exemple, les roulements de tambour de la contrebasse ajoutent vraiment du corps à l'orchestre. En comparaison, l'œuvre postérieure de Fresedo paraît légère et frivole.

Un autre sextuor largement méconnu est celui de Francisco Lomuto. Il ne fait pas d'étincelles mais dans des morceaux comme **Te aconsejo que me olvides** (1928), son tempo de marche est irrésistible. Il offre un vrai contraste avec la version immortelle de Troilo-Fiorentino (1941).

Par ailleurs, la version en sextuor de **Cuando llora la milonga** (1930) nous fait entendre un bel *obbligato* au violon, de jolies syncopes et même un solo final de hautbois, des effets que nous associons plutôt à son mentor Francisco Canaro.

Puis il y a des ensembles qui appartiennent exclusivement à cette époque, comme ceux de Juan Maglio (Cf. chapitre 22), Francisco Pracánico ou **Juan Bautista Guido**. Son tango de 1927 **Gusanito** ne peut rivaliser avec Fresedo ou Canaro dans la richesse de l'arrangement mais il est très ludique. Si l'on disposait de meilleurs transferts, je suis sûr que nous l'écouterions plus.

Cinéma muet, cinéma parlant

Dans les années 1920, il n'y avait pas de télévision – on en était encore loin. Les émissions de radio avaient commencé en 1920 mais les gens ordinaires ne pouvaient s'offrir un poste. Pour beaucoup, la seule façon d'écouter de la musique était de l'entendre jouer en direct.

Quelles étaient les opportunités qui s'offraient à vous pour cela ? Si vous étiez riche, vous pouviez assister à une fête privée ou en organiser une. Sinon, vous deviez aller là où jouait un orchestre : les cafés mais aussi – devinez quoi – les cinémas ! C'était l'époque des films muets et il était courant que des orchestres de tango jouent pendant les représentations. Quand on pense à l'importance du cinéma avant l'arrivée de la télévision, on réalise aisément le nombre considérable d'emplois que cela impliquait pour les musiciens.

De nos jours on s'imagine que l'action dans les films muets était accompagnée par une bande sonore composée pour eux. C'est vrai pour la plupart des grands films, notamment vers la fin de cette époque, mais souvent, les orchestres improvisaient ou jouaient selon leur inspiration du moment. Les groupes argentins jouaient de la musique de tango, de sorte qu'aller au cinéma était un excellent moyen d'en écouter. On dit même que les gens allaient au cinéma autant pour écouter des tangos que pour voir le film.

Puis, en 1931, le cinéma parlant arriva en Argentine. Les salles installèrent le nouvel équipement sonore et cette source de revenus lucrative se tarit du jour au lendemain. Au même moment, les petites maisons de disques faisaient faillite tandis que les plus importantes dénonçaient les contrats des artistes qui leur rapportaient le moins. C'était un désastre. Les plus grand orchestres survécurent : Canaro, Fresedo, Lomuto et Firpo, mais ailleurs beaucoup de musiciens de tango se retrouvèrent sans emploi. Carlos Di Sarli perdit son contrat d'enregistrement et fut réduit à courir le cachet comme accompagnateur de Mercedes Carné.

La plus grande perte, de notre point de vue, fut **Pedro Maffia**. Il était célèbre pour la sonorité sombre et veloutée de son bandonéon, telle que l'on peut par exemple l'entendre dans ***Un pobre borracho*** (1929). C'est un arrangement typique de Maffia : nuancé, riche et sans hâte. La partie de violon *obbligato* sonne un peu différemment : Maffia l'a confié à – devinez quoi – un violoncelle.

Au moment où Maffia fit son retour en 1934, la musique de tango était devenue plus marquée, avec moins de finesse. L'onde de choc engendrée par l'irruption de Juan D'Arienzo changea ensuite le paysage musical d'une manière qui ne convenait pas à son style subtil. Il se retira sans bruit en 1946, n'enregistrant plus rien jusqu'en 1959.

Les sextuors en CD / mp3 : que faut-il écouter ?

DyM	3008	Que bonboncito	2002
DyM	3401	Pedro Maffia	2003
RGS	1641	Tango Collection – Julio De Caro	2011
RGS	1643	Tango Collection – Osvaldo Fresedo	2012
RGS	1653	Tango Collection – Carlos Di Sarli 1928-1931	2011
RGS	1715	Tango Collection – Lomuto	2011
EPM	198761	50 ans de tango	2006

Concernant Francisco Canaro il est stupéfiant que presque rien ne soit édité sur cette période qui comprend une bonne partie de sa meilleure production : juste 11 pistes sur un agréable album de compilations, édité par EPM.

20 / Julio De Caro : le tango est de la musique

El tango también es música
Le tango est aussi de la musique
– Julio De Caro

Guide d'écoute

SEXTETO JULIO DE CARO
1/ Flores negras (1927)

ORQUESTA JULIO DE CARO
2/ Taba calzada (1935)
3/ Saca chispas (m) (1938)
4/ Catamarca (1940)
5/ Sopresa de novia (v) 1943
6/ Mi dolor (1950)
canta: Orlando Verri
7/ Flores negras (1952)

Evoquer Julio De Caro, c'est discuter d'abord de ses contributions au développement des possibilités musicales dans le tango. Nous y avons fait effectivement allusion dans le chapitre précédent. Ceci dit, j'aimerais commencer en posant une question bien plus basique pour le danseur de tango. L'orchestre de Julio De Caro est-il un orchestre de danse ?

Gardez ceci à l'esprit pour la suite.

Julio De Caro est né dans une famille riche, sans doute fière des dons et de l'éducation musicale de ses enfants : Julio et Emilio au violon, Francisco au piano. Son père José avait enseigné au conservatoire à La Scala de Milan et ouvert un magasin de musique ainsi qu'une école à Buenos Aires. Tous les enfants avaient reçu une éducation musicale mais l'espoir de leur père était que Julio étudie la médecine ou bien qu'il devienne au moins premier violon dans un orchestre symphonique.

L'histoire dit que Vicente Greco, un compositeur et chef d'orchestre influent à cette époque, venait fréquemment chez les De Caro. Un jour, alors que Julio n'avait que neuf ans, sa leçon de violon fut interrompue par une de ces visites. En ce temps là (1910), tout Buenos Aires était en émoi du fait de la visite d'Etat d'Isabelle dite l'"*Infanta*", un terme espagnol pour désigner les membres de la famille royale qui n'étaient pas en première ligne pour le trône. Greco avait écrit un tango en son honneur, « La Infanta » et il était passé pour le jouer. De Caro écrit [21] :

> *Impatient d'exprimer mon admiration, j'allai en silence chercher mon violon et commençai à jouer son tango « El pibe », dont j'avais la partition et que j'avais appris à l'insu de mon père. Je le jouai comme en état d'hypnose… la punition ne tarda pas, je fus interrompu et envoyé au lit. Mais j'eus le temps d'entendre Greco dire :* « *Ce gamin ira loin avec une telle vocation. Qui sait s'il ne deviendra pas un maître du tango ?* ». *Mais mon père répondit :* « *Jamais, j'ai prévu un autre avenir pour Julio !* »

---

[21] Julio De Caro, *El tango en mis recuerdos*, Ediciones Centurión, 1964, pp 256-257

Julio fut mis au pain et à l'eau pendant huit jours mais ne se découragea pas pour autant. En grandissant, il commença à fréquenter les cabarets de tango. Un soir, alors qu'il avait dix-sept ans, il alla écouter Firpo jouer au Palais de Glace. A un moment de la soirée, qui comme on l'imagine devait être très animée, ses amis le poussèrent sur la scène. Le violoniste lui prêta son instrument et De Caro joua un tango, applaudi avec enthousiasme.

Il se trouve qu'Eduardo Arolas (« le tigre du bandonéon ») était présent dans l'auditoire. Il fut tellement impressionné que quelques jours plus tard il rendit visite au père de Julio et lui demanda si Julio pouvait intégrer son orchestre.

Comme vous l'aurez deviné, la réponse fut non, mais dès qu'il eut dix-huit ans, Julio rejoint le groupe de Ricardo Brignolo (auteur du tango ***Chiqué***). Quand son père l'apprit, Julio fut jeté dehors. Voyant cela, son frère Francisco décida de partir de lui-même sans attendre qu'on le lui demande. Vous et moi avons d'excellentes raisons d'être reconnaissants aux deux frères De Caro pour ce choix décisif car il a énormément enrichi notre musique et influencé de nombreux musiciens que nous aimons aujourd'hui, à commencer par le plus célèbre, Osvaldo Pugliese.

Il s'écoulera beaucoup de temps avant que le sextuor De Caro ne fasse son apparition en 1924. Je pourrais en attendant vous régaler d'histoires sur les aventures musicales des deux frères mais j'aimerais vous raconter comment le sextuor est né. En fait, c'est Francisco De Caro et non Julio qui le mit sur pied. Voici comment : en décembre 1923, un impresario demanda à Francisco de former un groupe de cinq ou six musiciens pour jouer lors de fêtes de fin d'année dans des hôtels particuliers de la haute société. Le cachet offert s'élevait à la somme faramineuse de 800 pesos par musicien, soit un mois de salaire. Francisco rassembla ses frères Julio et Emilio au violon, Pedro Maffia et Luis Petrucelli au bandonéon, ainsi que Leopoldo Thompson, le bassiste emblématique de l'époque. En habit de soirée et toujours impeccablement mis, le groupe fonctionna à merveille. Les frères avaient enfin réussi à jouer ensemble.

L'orchestre trouva du travail dans un café, le Café Colón. Le cachet n'était pas très élevé mais ils s'arrangèrent pour obtenir un contrat pendant la saison de carnaval, pour laquelle les frères élargirent l'affiche jusqu'à 20 musiciens sous le nom de Julio. De retour au café après le carnaval ils reçurent la visite d'un aristocrate, le Comte Chikoff, qui leur fit une offre impossible à refuser : 6000 pesos pour jouer au Club Vogue où l'on organisait des thés dansants pour la haute société.

Le succès paraissait assuré mais Pedro Maffia et Luis Petrucelli s'irritaient de ce que l'ensemble soit annoncé sous le nom de Julio, et ils partirent. Maffia fut au dernier moment persuadé de rester mais seulement parce qu'il venait de perdre beaucoup d'argent au jeu. Le second bandonéon était Pedro Laurenz. Ce ne fut pas un début facile pour lui, Maffia étant notoirement taciturne. Julio écrit [22] :

> Maffia daigna à peine saluer Laurenz et « El negro » Thompson le toisa de haut en bas, alors que Francisco, qui connaissait sa valeur, souriait, se demandant ce qui arriverait quand le génie sortirait de la lampe d'Aladin. Aux premiers accords de Laurenz, Maffia, regardant de côté, ne put cacher son admiration.

La place de De Caro dans les plus hautes sphères de la société était désormais assurée. Quand l'aristocratie organisa une réception pour le Prince de Galles au Palais de Glace en avril 1925, ce fut l'orchestre de De Caro qui fut invité à jouer.

Après cette longue introduction, écoutons à présent leur enregistrement de 1927 de **Flores negras**, composé par Francisco De Caro. On entend immédiatement la sonorité inhabituelle du violon de De Caro – voir plus loin – tandis qu'à l'arrière-plan le second violon dessine une harmonie complexe et mouvante. La mélodie circule entre tous les instruments et la partie de piano, dans les mains de Francisco, est particulièrement riche et complexe, surtout si vous réalisez que nous sommes en 1927. On parle beaucoup du génie de

---

[22] Julio De Caro, *op cit.* pp 43-44

Julio De Caro mais l'ensemble portait en réalité le nom de Francisco. Sa contribution est immense.

Le fameux violon à cornet de De Caro

Les photos de Julio De Caro le montrent jouant de ce qui ressemble à un violon surmonté d'une trompe. Cet instrument s'appelait violon de Stroh, du nom de son inventeur. Examinez une photo et vous verrez que le 'violon' auquel la trompe est reliée n'est pas du tout un violon ordinaire. Le Stroh fut créé à l'époque précédant l'invention du microphone avec une intention : celle d'amplifier le son. Il n'était constitué que d'un clavier, d'un cornet et d'une caisse acoustique reliés à une attache métallique. Le son n'est pas doux et l'amplification produite par le cornet le rend assez nasal. En outre, cet instrument coûtait cher.

Le violon à cornet n'était pas une idée de De Caro. C'est en réalité une histoire très singulière. Apparemment, le célèbre violoniste de jazz américain Paul Whiteman avait entendu jouer l'un des tangos de De Caro dans les studios de la Victor et fut si impressionné qu'il fit parvenir l'un de ses violons à cornet à De Caro, pensant que sa plus grande puissance permettrait au beau jeu de De Caro d'être mieux entendu. Avant l'arrivée de l'enregistrement électrique les musiciens de jazz remplaçaient parfois les violons ordinaires par des Strohs pour cette raison. En 1925, M. Scheney, président de la compagnie Victor, le présenta à De Caro lors d'une visite à Buenos Aires. Cependant il semblerait que le violon ne fût pas un cadeau : Scheney déduisit le prix de l'instrument du cachet de De Caro.

Au dire de tous, De Caro n'était pas enthousiaste au premier abord mais il en vint rapidement à l'aimer et par la suite n'utilisa plus que cet instrument. De nos jours, nous associons le violon à cornet à Julio De Caro.

De Caro à travers les décennies

Julio De Caro ne se préoccupait guère de la danse mais à la fin des années 1920, sur une période très courte, le travail des frères De Caro changea radicalement le paysage du tango. Tout le monde s'accorde à dire qu'au début des années 1930 il commença à s'égarer. Par exemple, il est difficile de situer le *Taba calzada* de 1935, avec sa dynamique sauvage.

Le succès de D'Arienzo qui, dans sa recherche d'un tango vigoureux et dansable, tourna le dos aux inventions de De Caro, semble avoir complètement déboussolé De Caro. Si sa milonga *Saca chispas* (1938) semble écrite pour les danseurs et a énormément de succès, avec une œuvre comme le *Catamarca* de 1940, il est difficile de savoir quel public il vise. Ce n'est pas pour déprécier sa musique, mais il semble avoir plus de succès avec les valses et milongas qu'avec les tangos, ce qui surprend de la part de Julio De Caro. Ecoutez un moment la valse *Sorpresa de novia* et voyez si vous êtes d'accord.

Peu de temps après, en plein boum du tango, De Caro cessa d'enregistrer pendant environ cinq ans. C'était l'époque où le tango vocal prédominait et De Caro, qui a tant fait pour le tango instrumental, ne pouvait s'adapter.

Il revint en studio en 1949, alors que le tango entamait son déclin comme art populaire dominant à Buenos Aires, pour montrer au monde de quoi le tango était fait. Ces derniers titres sont vraiment magnifiques : écoutez par exemple sa dernière version de *Flores negras* datant de 1952. La musique dégage plus de chaleur : comment est-ce possible ? Quelque chose est arrivé entretemps : Osvaldo Pugliese a montré à De Caro une autre façon de jouer sa propre musique.

Le tango est de la musique

Julio De Caro : que faut-il écouter ?

Les enregistrements de De Caro se répartissent en quatre périodes :

1. 1924-1928 : les enregistrements en sextuor avec Victor. Pour ceux-ci, procurez-vous les CD 'Tango Collection'. Notez que De Caro désignait toujours son groupe comme un orchestre, même lorsqu'il n'avait que six musiciens.
2. 1929-1932 : le sextuor avec la Brunswick (la période la moins intéressante) – pas de CD disponible.
3. 1935-1943 (Victor) : écoutez 'Bien jaileife' chez 'Reliquias' (*jaileife* est la transcription en *lunfardo* de l'anglais « high life » !) et si vous en cherchez d'autres, l'album mp3 'el candombe' chez DyM.
4. 1949-1953 (Odeón – Pathé) : procurez-vous 'Tierra Querida' chez 'Le chant du monde'. Cet album couronne celui de la série 'From Argentina to the World' et y figurent quelques tangos chantés par **Orlando Verri**. Leur version de *Mi dolor* est simplement remarquable.

N'allez pas vous noyer dans la collection complète de l'œuvre de De Caro : si vous cherchez bien, vous découvrirez beaucoup de son travail de la fin des années 1920 ou du début des années 1930, mais vous n'écouterez pas plus d'une fois la plupart des titres.

CD/mp3	RGS	1641	Tango Collection – Julio De Caro	2011
CD/mp3	lcdm	2742310	The Masters of Tango : Julio De Caro – Tierra Querida	2013
CD	DBN	541697	Bien jaileife	2002
mp3	DyM	160	Tango Classics 160 – el candombe	2010

21 / OTV et les orchestres de maisons de disques :
Orquesta Típica Sony, où êtes-vous ?

Guide d'écoute

ORQUESTA ADOLFO CARABELLI

1/ Alma (1932)

ORQUESTA TÍPICA VICTOR

2/ C.T.V. (1932)

3/ Vieja calesita (1929) estribillo: Luís Díaz

ORQUESTA TÍPICA LOS PROVINCIANOS

4/ El distinguido ciudadano (1932)

TRÍO CIRIACO ORTIZ

5/ Soledad (v) (1933)

Aujourd'hui nous serions plutôt surpris d'entendre que EMI ou Sony ont formé leur propre orchestre, mais au début du XXème siècle, il était courant pour des compagnies d'entretenir une formation « maison ». La plus célèbre et durable d'entre elles était l'**Orquesta Típica Victor**, lancée par la Victor en 1925 pour tenter de rivaliser avec le label Odeón de Max Glucksmann qui avait fait signer en exclusivité les stars les plus prisées du moment : Francisco Canaro, Roberto Firpo et bien sûr le grand Carlos Gardel. Plus tard le rejoindront l'**Orquesta Típica Columbia** et ma préférée, la tristement éphémère **Orquesta Típica Brunswick**.

La Típica Victor, en bref **OTV**, enregistra 449 titres, presque tous avant la fin de 1941, quand l'idée même d'un orchestre maison devint obsolète. Ces orchestres maison ne faisaient qu'enregistrer : ils ne jouaient jamais en public. Les musiciens étaient recrutés parmi les rangs de ceux qui avaient signé avec le label, avec un directeur stable et salarié par la compagnie : le bandonéoniste Luis Petrucelli, mais en 1926 celui-ci partit aux Etats-Unis pour jouer avec Canaro. A sa place, Victor engagea **Adolfo Carabelli**.

Curieusement, Carabelli forma au même moment son orchestre, qui lui aussi ne faisait qu'enregistrer. Il jouait du jazz et du tango, dans cet ordre.

Ces ensembles partageaient les mêmes musiciens, aussi est-il raisonnable de penser qu'ils avaient une sonorité similaire. RCA Victor disposait d'un violoniste particulièrement brillant en la personne d'Elvino Vardaro. Sa sonorité singulière domine l'ouverture du classique *Alma*. En termes d'arrangements, ces tangos sonnent un peu différemment de ce que faisait OTV, si l'on compare des enregistrements de la même époque (1932), par exemple leur *C.T.V.*. Même les compagnies de disques s'y perdaient : sur le CD 'RCA Victor 100 Años' de Típica Victor, maintenant épuisé, BMG a édité par erreur le ***Rodríguez Peña*** de Carabelli.

Les enregistrements de tango par OTV couvrent une période bien plus longue que ceux de Carabelli et sont bien plus nombreux, il n'est donc pas surprenant que OTV offre plus de diversité. Pour écouter un style différent, essayez la *Vieja calesita* de 1929. Ce morceau est beaucoup plus centré sur le tempo et il était l'un des favoris du couple *milonguero* Rodolfo & Maria Cieri pour leurs démonstrations de *canyengue*.

La Típica Victor marqua une pause en 1935, ne réalisant que deux enregistrements. Victor confia ensuite la baguette de chef au bandonéoniste Federico Scorticati qui resta à ce poste jusqu'à ce qui semble être les derniers disques de l'orchestre en 1941. A ce moment-là les orchestres de tango étaient partout et il n'y avait plus besoin d'un orchestre maison. Toutefois, l'orchestre réalisa un bouquet final : 18 titres enregistrés en 1943-1944, sous la direction du pianiste Mario Maurano.

Ciriaco Ortiz

A partir de 1931, le bandonéoniste **Ciriaco Ortiz**, membre de l'orchestre depuis ses débuts, réalisa 34 enregistrements avec l'orchestre de la maison Victor sous le nom d'**Orquesta Típica Los Provincianos**. La plupart datent des années 1931-1934. Or Ciriaco Ortiz ne fut jamais directeur de l'OTV. A ce moment, c'était toujours Carabelli et l'orchestre enregistrait de manière prolifique sous son nom propre. Voici maintenant la question à 50 000 euros : est-ce que la formation d'Ortiz sonne comme l'OTV ? La réponse est oui mais si l'on compare leurs enregistrements à ceux d'OTV datant de la même époque, il apparaît un élément intéressant : musicalement parlant, ceux de Los Provincianos sont souvent plus sophistiqués. Si vous préférez, ils sont supérieurs. J'aime à penser que Ciriaco Ortiz pousse Carabelli à élever le niveau de jeu.

 Un bon exemple est la version audacieuse de *El distinguido ciudadano*. Ce tango fut enregistré en 1932, la même année que le titre de Carabelli que nous avons déjà écouté. Presqu'au début, Ortiz joue une longue variation au bandonéon, sans accompagnement et, lorsque l'orchestre revient, le violon – pas moins qu'Elvino Vardaro – lui vole la vedette, jouant un passage avec juste un accompagnement de contrebasse, la main gauche du piano et ce qui semble bien être une caisse claire. Vardaro devait être électrisé de jouer un tel arrangement qui profitait pleinement de ce que l'orchestre ne jouait pas devant des danseurs. Même ainsi, il peut convenir comme tango à danser, encore que le solo de bandonéon non accompagné soit un peu long pour le confort des danseurs.

La qualité du jeu de bandonéon d'Ortiz s'apprécie encore mieux dans le trio qu'il formait avec les guitaristes Andrés Menéndez et Vicente Spina (le compositeur de la valse classique ***Tu olvido***). Ces enregistrements en trio donnent à entendre un son et un phrasé uniques. Ciriaco n'était pas un *porteño*, il était né dans un village de la province de Córdoba et ce que nous pouvons entendre dans son jeu s'inspire de l'ambiance de la campagne. Par exemple, la mélodie mélancolique de la valse ***Soledad*** – une composition de Ciriaco – me rappelle la manière dont Atahualpa Yupanqui évoque l'immensité et le silence des pampas argentines. Les morceaux en trio sont intimes, tendres et tout à fait dansables.

Les orchestres de maisons de disques : que faut-il écouter ?

La majeure partie de la musique que nous cherchons n'est malheureusement disponible aujourd'hui qu'en mp3. Je vous conseille de ne pas négliger l'album de Ciriaco Ortiz, il est magnifique. Quant à celui de Carabelli, il n'y a que dix titres qui soient des tangos et des valses mais c'est le seul disponible.

CD/mp3	DyM	3008	Que bonboncito	2002
mp3	RCA		Serie 78 RPM: Orquesta Típica Victor vol.1	2011
mp3	RCA		Serie 78 RPM: Orquesta Típica Victor vol.2	2011
mp3	RCA		Serie 78 RPM: Orquestas De Antaño - Los Provincianos - Trío Ciriaco Ortiz	2011
mp3	RCA		Serie 78 RPM: Orquestas De Antaño - Adolfo Carabelli	2011
CD/mp3	RGS	1642	Tango Collection – Orquesta Típica Victor	2011

Nous avons déjà mentionné le CD de DyM lorsque nous avons parlé des sextuors ; il y a quelques titres de la **Típica Brunswick**.

22 / Juan Maglio :
le dernier des vétérans

Guide d'écoute

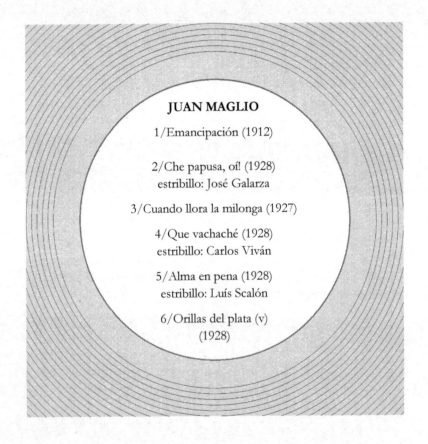

JUAN MAGLIO

1/Emancipación (1912)

2/Che papusa, oí! (1928)
estribillo: José Galarza

3/Cuando llora la milonga (1927)

4/Que vachaché (1928)
estribillo: Carlos Viván

5/Alma en pena (1928)
estribillo: Luís Scalón

6/Orillas del plata (v) (1928)

Note : vous pouvez lire d'autres noms pour ces chanteurs sur des CD et ailleurs. Le nom du chanteur n'était généralement pas imprimé sur l'étiquette. Ces listes ont été corrigées grâce au travail d'un grand nombre de chercheurs au cours des années et elles sont notre meilleure hypothèse au moment où ces lignes sont écrites.

Dans la première décennie du XXème siècle, il y avait trois grands bandonéonistes : Eduardo Arolas, Genaro Espósito – tous les deux voyagèrent en Europe – et Vicente Greco. L'orchestre de Greco était le plus célèbre à Buenos Aires jusqu'en 1912 environ où il fut supplanté par Juan Maglio, surnommé Pacho (dérivant de l'italien *pazzo*, fou). En ce temps-là, Maglio avait tellement de succès et ses disques étaient tellement populaires que les gens allaient dans une boutique de disques et demandaient simplement le dernier « Pacho ».

Pour le danseur de tango contemporain, les disques qui nous intéressent datent d'au moins 1926, et notre intérêt pour ces enregistrements anciens tient à leur importance historique. Essayez cependant d'écouter le **Emancipación** de 1912 et voyez si vous reconnaissez la version instrumentale immortalisée par Pugliese au milieu des années 1950.

Maglio continue à enregistrer tout au long des années 1920 et vers la fin de la décennie (disons 1927-29) le groupe est à son apogée. La musique n'est pas rapide, mais le *compás* pulse littéralement : il donne une irrépressible envie de marcher. Le seul musicien qui montre une telle emprise sur le tempo à cette époque est Firpo ; Canaro a plus de rythme mais n'arrive pas à leur hauteur pour la force de leur pulsation. Des compositions comme l'incontournable **Che papusa, oí** (*Hé, petite !*) prennent vraiment vie dans les mains de Maglio. Il est intéressant de comparer avec la version d'Osvaldo Fresedo. Il dispose avec Ernesto Famá d'un chanteur plus raffiné mais Maglio a vraiment plus de pulsation. Il a certainement inspiré D'Arienzo dans son engagement sans faille en faveur du 2 x 4 et pour agrémenter son répertoire de valses ; son tango **Sábado inglés** (*samedi anglais*) et sa valse **Orillas del Plata** (*les rives du Rio de la Plata*), avec sa mélodie curieusement syncopée, sont parmi les premiers titres que D'Arienzo enregistra en 1935.

Certains de ses arrangements sont vraiment sophistiqués pour un orchestre que l'on néglige souvent au prétexte qu'il est démodé. Ecoutons par exemple **Cuando llora la milonga** de 1927. Après une brève introduction, la lente mélodie s'ouvre avec le bandonéon mais si vous écoutez attentivement, il y a beaucoup à entendre par-dessous : le pizzicato des violons et aussi une main droite très joueuse au piano. Il devait être fantastique de les écouter en direct.

Des chanteurs de Maglio, **Carlos Viván** (*Que vachaché*) était de loin le meilleur mais ce qu'il faut retenir de cet orchestre, ce n'est pas la qualité du chant, c'est sa formidable pulsation.

Que dire du jeu de bandonéon de Maglio ? Bien qu'il fût considéré comme le meilleur des *bandoneonistas* à Buenos Aires dans les années 1910, il reconnut avoir été dépassé par la nouvelle génération. En gravant quelques titres en 1928 avec sa seule section de bandonéons, il dirigeait le groupe qui jouait en trio, mais lui-même ne jouait pas. L'étonnant solo de bandonéon dans ***En un rincón del café*** (1929) n'est probablement pas exécuté par Maglio, mais par Federico Scorticati.

Les enregistrements de Maglio se tarirent au début des années 1930. Il ne prit pas sa retraite, bien que sa musique ne se développât plus vraiment et que les sessions en studio se fissent plus rares. Maglio mourut en 1934, âgé seulement de 53 ans, et avec lui disparut l'un des authentiques vétérans du tango. Il est impossible de savoir comment il aurait vécu la révolution de D'Arienzo en 1935 et les années 1940 de la décennie glorieuse, mais tout indique qu'il aurait été laissé à la traîne.

Mettant de côté ces spéculations, on peut affirmer que Juan Maglio laisse derrière lui un héritage considérable, à la fois comme compositeur et comme directeur d'orchestre. Sa production était prolifique. La discographie de Lefcovich compte 754 titres mais certains disent qu'il en a gravé près de 900. Peu de ces titres sont disponibles.

Juan Maglio : que faut-il écouter ?

Pour la plupart des amateurs, les enregistrements anciens à partir de 1912 ne sont que des curiosités. Essayez en revanche d'écouter ses disques datant de 1927 et après. Il y en a très peu qui sont disponibles sur des CD du commerce.

| el bandoneón | EBCD-86 | Sábado inglés | 1996 |

Cet album existe aussi en mp3 chez Black Round Records comme 'Juan Maglio « Pacho » - Selection of Tangos' dans leur série 'The History of Tango'.

Les autres orchestres : un résumé

Canaro : un géant des années 1930, qui fut à court d'inspiration lors de l'avènement du chanteur d'orchestre vers 1938. Merveilleux lorsqu'il équilibre son tempo marqué avec des chanteurs plus doux (Charlo, Maida). Musicien clé : Minotto (bandonéon).

Caló : grande qualité des musiciens, des phrases simples. Elégance et romantisme, surtout avec la voix suave de Raul Berón. Pianiste : Osmar Maderna.

D'Agostino/Vargas : une magnifique association. Sobriété. Garde une texture aérée tout en apportant une grande attention au rythme, faisant de l'orchestre l'un des préférés des danseurs. Privilégie un répertoire nostalgique. Pianiste : D'Agostino lui-même.

Biagi : un *marcato* extrême et imprévisible, légèrement fou.

Tanturi : un orchestre rythmique mais de manière moins extrême que D'Arienzo. Réussit à incorporer dans son style mélodie et lyrisme. A eu deux grands chanteurs, **Alberto Castillo** et **Enrique Campos**.

Laurenz : un génie musical, des années en avance sur son temps. Célèbre pour son jeu virtuose au bandonéon. Inaugura la décennie glorieuse avec son classique ***Arrabal***.

Donato : irrésistible, effrontément gai, avec un accordéon dans la section de bandonéons et jouant beaucoup avec le pizzicato au violon. Ludique et rapide même dans ses premiers enregistrements.

Maglio : un pionnier qui fit de la merveilleuse musique à danser avec un tempo solide comme le roc dans les années 1926-34, même si à ce moment son temps était déjà passé.

Firpo : en parallèle avec Canaro, un innovateur précoce et un géant de la vieille garde. Un orchestre superbe qui combinait douceur et force mais qui échoua à s'adapter à la nouvelle vague.

Lomuto : une version plus musclée et plus charnue de Canaro. Solide et conservateur.

De Caro : a beaucoup contribué à rendre la musique de tango plus sophistiquée. Pas vraiment un orchestre de danse mais il a ouvert la voie à Pugliese.

Fresedo : le tango chic, merveilleux avec Ray mais souvent trop sirupeux et frivole dans ses derniers enregistrements. De façon surprenante, ceux du sextuor des débuts ont beaucoup de corps.

OTV : formé uniquement pour l'enregistrement en studio. Excellente qualité des musiciens et très bons arrangements, principalement dans l'ancien style.

De Angelis : orchestre léger et romantique, qui reste en mémoire pour l'association des voix de Carlos Dante et Julio Martel plutôt que pour la qualité de ses musiciens.

Demare : un son luxuriant et romantique, relativement peu d'enregistrements.

Quatrième partie

Les « quatre grands » revisités

23 / Juan D'Arienzo : après le big bang

Guide d'écoute

**ORQUESTA
JUAN D'ARIENZO**

1/ Uno (1943) canta: Héctor Mauré
2/ Amarras (1944) canta: Héctor Mauré
3/ El romántico (1944)

4/ Cartón junao (1947) canta: Alberto Echagüe

5/ Canaro en París (1950)
6/ Tucumán (1951) 7/ La cumparsita (1951)
8/ El simpático (1951) 9/ Yapeyú (1951)
10/ El puntazo (1952) 11/ Loca (1955)
12/ Más grande que nunca (1958)
13/ Gran Hotel Victoria (1966)
14/ 9 de Julio (1966)

Dans notre précédente introduction à Juan D'Arienzo, nous nous sommes intéressés à son arrivée explosive sur la scène musicale fin 1935. L'intégration à l'orchestre du pianiste Rodolfo Biagi y contribua de manière fortuite.

Bien que le départ de Biagi en 1938 fût un sacré coup pour D'Arienzo, le nouveau venu, Juan Polito, fit tout de même du bon travail en imitant le style de Biagi. L'orchestre évoluait au faîte de sa popularité lorsqu'en mars 1940 Juan Polito partit former son propre groupe et D'Arienzo perdit toute sa formation, y compris le chanteur Alberto Echagüe.

Cela mit bien sûr D'Arienzo dans l'embarras mais il persuada le bandonéoniste Héctor Varela de mettre son nouvel orchestre à sa disposition, recruta Cayetano Puglisi comme violoniste et plaça un Fulvio Salamanca, âgé de 18 ans, sur le tabouret de pianiste. Ce nouvel orchestre eut encore plus de succès que le précédent mais en l'écoutant il est clair qu'il y manque quelque chose : la présence d'Alberto Echagüe. D'Arienzo engagea deux chanteurs pour combler le vide laissé par son départ : Alberto Reynal et Carlos Casares. Aucun des deux n'avait les qualités et le charisme de leur prédécesseur et pendant de nombreux mois, l'orchestre enregistra une moindre proportion de tangos vocaux. A la fin de l'année 1940, Casares était parti et remplacé par **Héctor Mauré**, un jeune chanteur-étoile prometteur.

Je me demande toujours si D'Arienzo savait ce qu'il faisait en invitant Mauré dans son orchestre, car la présence de celui-ci allait avoir un impact considérable sur la direction que l'orchestre prendrait. Nous sommes fin 1940. Di Sarli a formé son nouvel orchestre un an plus tôt et Troilo est arrivé sur la scène accompagné de la merveilleuse voix de Francisco Fiorentino. Chanteur et texte chanté prennent de plus en plus d'importance et Héctor Mauré est l'homme de la situation.

Il y a juste un petit problème : l'orchestre de D'Arienzo est fondé sur le rythme et non sur le lyrisme. Mauré est sophistiqué, alors que le style de D'Arienzo prend ses racines dans la rue. C'est une collision de styles fascinante. Entre décembre 1940 et juillet 1944, Mauré enregistrera 50 titres avec D'Arienzo et vous pouvez suivre leur évolution au fil des disques. Mauré répond à la tendance en cours, prenant de plus en plus d'espace et semblant orienter l'orchestre vers des interprétations de plus en plus nuancées. Certaines sont des chefs d'œuvre : leur version du **Uno** de Discépolo est peut-être la meilleure jamais enregistrée. La musique enfle et retombe en grandes vagues, bien loin du style de D'Arienzo. Leur dernier titre gravé ensemble, **Amarras**, est complètement dans l'air du temps mais il chamboule encore plus nos idées sur D'Arienzo. La musique est sensible, presque introvertie mais écoutez en filigrane et c'est clairement toujours du D'Arienzo.

Aussi brillante que soit cette production, la suite est prévisible. Ce style n'est pas estampillé D'Arienzo et Mauré devra partir. Les dés sont déjà jetés pendant l'été 1944 lorsque D'Arienzo réussit à faire revenir Echagüe. Ces deux chanteurs ne vont tout simplement pas ensemble et à la fin de l'année Mauré sera parti, remplacé par Armando Laborde. Quelques historiens du tango parlent à ce propos d'un nouvel âge d'or pour l'orchestre mais pour le danseur – malgré quelques remarquables titres comme **El romántico** et **Color cielo**, impossible à trouver – ces changements rendent la production de l'orchestre moins intéressante pour nous. Vous trouverez très peu de CD couvrant le travail allant du départ de Mauré à la fin de la décennie. Je ne suis pas tellement fan de cette période, aussi, plutôt que de suivre mes recommandations, prenons l'avis d'un expert collectionneur japonais qui classe **Carton junao** parmi les cinq tout meilleurs titres de D'Arienzo. Je trouve que la musique traduit une émotion mais elle ne me donne pas envie de danser.

1950 : le réveil du dragon endormi

Début 1950, il arrive quelque chose de peu ordinaire à D'Arienzo et ses musiciens. Ils semblent revenir d'une longue pause estivale avec une vigueur renouvelée. Dès leur première session en studio, ils enregistrent sept titres, comme au bon vieux temps, avec de nouvelles versions étourdissantes de **El internado** et **Canaro en París**. Cinq autres titres suivront à peine dix jours plus tard. A ce moment, Varela – premier bandonéon et arrangeur – s'en va après avoir passé dix années avec D'Arienzo. Ce dernier a déjà essuyé d'autres revers dans le passé et il sait comment y survivre. Il choisit Salamanca (son pianiste) comme arrangeur et les musiciens se tiennent à l'écart du studio pendant quelques mois pour restructurer la formation. A leur retour, ils sont encore plus forts qu'avant et lancent une salve de succès instrumentaux de premier ordre : ***Tucumán***, ***Don Juan***, ***El simpático***, ***Yapeyú*** et surtout la version fondatrice de 1951 de ***La cumparsita*** (dans un nouvel arrangement) qui est pour moi la meilleure de leurs sept versions de ce standard.

En 1952, l'orchestre ne peut maintenir ce niveau de créativité mais il produit encore le dévastateur ***El puntazo***. Quand les matrices à bandes magnétiques font leur apparition à la fin de 1954, D'Arienzo réenregistre tous ses succès du moment. D'ici à la fin de la décennie ce sont essentiellement des tangos vocaux que l'on peut oublier, mais que cela ne vous détourne pas d'œuvres ponctuelles et géniales comme la version de 1955 de ***Loca*** (*Folle*) ou ***Más grande que nunca*** (*Meilleur que jamais*) de 1958. Pour moi, ces tangos figurent parmi les plus enthousiasmants de D'Arienzo et je ne comprends pas pourquoi ils ne sont pas plus souvent choisis par les danseurs de scène. Peut-être qu'ils ne les ont simplement pas écoutés.

En 1957, Echagüe et Laborde quittent l'orchestre et D'Arienzo engage deux nouveaux chanteurs, Jorge Valdéz et Mario Bustos. Leur style revient dans la ligne dominante et les instrumentaux se font de plus en plus rares. Notre intérêt pour cet orchestre faiblit quand surgit une innovation technique qui aura de grandes conséquences sur la musique de tango. Cette innovation est la stéréo.

L'ère de la stéréo : « Tango for Export »

A un moment où, en Argentine, on ne s'intéressait plus beaucoup au tango, les patrons de la RCA espéraient que la nouvelle technologie de la stéréo ferait naître un nouveau marché à l'étranger pour cette musique. Ils décidèrent donc d'enregistrer quelques albums de tangos instrumentaux uniquement pour le marché export.

Les arrangements de *La cumparsita* par D'Arienzo

D'Arienzo enregistra sept fois *La cumparsita* mais ce ne fut qu'en 1951 que l'œuvre trouva sa forme finale.

La version de 1928 commence avec cinq sections, la dernière étant le solo de violon sur une seule corde, caractéristique de D'Arienzo. Celle de 1935 incorpore la nouvelle *variación* au bandonéon, par Luis Moresco. Pour la version de 1943, D'Arienzo intervertit les positions de la *variación* au bandonéon et de la précédente *variación* au violon, avec un succès mitigé : quand arrive la *variación* au violon, l'énergie du morceau retombe. Le problème est résolu en 1951 par l'insertion d'une *variación* renversante au bandonéon, portant la durée de la pièce à presque quatre minutes. Voici un tableau des différentes versions (A = strophe, B = refrain) :

1928	A	B	A' Vocal	B' Piano				A' Violon
1935	A	B	A' Violon	B' Piano		A' Bando	A' Piano	A Violon
1943	A	B	A' Bando	B' Piano		A' Violon	A' Piano	A Violon
1951 1963	A	B	A' Bando	B' Piano	A" Bando	A' Violon	A' Piano	A Violon
1971	A	B	A' Bando	B' Piano	A" Bando	A''' Violon	A' Piano	A Violon

La version de 1963 des années « Tango for Export » est le même arrangement mais joué plus lentement de sorte qu'elle dure quatre minutes. Comparée avec la version de 1951, elle manque d'énergie - ce qu'on a rarement l'occasion de dire de la part du roi du tempo.

Pendant ce temps, l'orchestre travaille sur un nouvel arrangement de *La cumparsita* qu'il enregistre en 1971. Comme interprétation, la version de 1951 tient la corde mais en termes d'arrangement, la nouvelle version est peut-être encore meilleure. Après la « nouvelle » *variación* au bandonéon, D'Arienzo nous prend complètement par surprise : la partie de violon est remplacée par une section dans laquelle les violons jouent, non pas doucement sur la quatrième corde (basse), mais très fort sur la première. Les notes s'envolent et disparaissent en silence, nous laissant suspendus en l'air jusqu'à ce que le piano vienne à notre secours. Un génie.

Ces albums furent regroupés sous la dénomination de « Tango for Export » et ce terme a été encore employé à nouveau vingt ans après pour décrire le tango de scène qui ranima l'intérêt pour le tango à l'étranger dans des spectacles tels que « Tango Argentino », et donna naissance au renouveau du tango.

Je ne suis pas certain que ces albums atteignirent à l'époque leur objectif d'ouvrir de nouveaux marchés pour la musique de tango. Pour nous, ils eurent l'effet de focaliser à nouveau le tango sur les titres instrumentaux. Le premier album fut proposé, non pas à Troilo, mais à D'Arienzo qui en enregistra quatre en tout. Les albums 'Tango for Export' de Troilo et D'Arienzo sont toujours édités et, tandis que les titres de Troilo sont plus considérés comme de la musique de concert, ceux de D'Arienzo sont tout à fait appréciables, peut-être plus encore aujourd'hui.

Le premier des albums 'Tango for Export' est plutôt bon mais le volume 2 (1966) est remarquable. D'Arienzo est toujours en train d'expérimenter et de trouver de nouvelles idées. Dans **Gran Hotel Victoria**, la musique disparaît complètement au milieu du morceau, vous laissant compter les temps jusqu'à ce qu'elle revienne – essayez ! (et comparez cette version à celle de 1935 afin de voir le chemin parcouru par cet orchestre). J'aime aussi beaucoup la nouvelle version de **9 de julio** qui se permet une subtilité jamais entendue auparavant.

La carrière en studio de D'Arienzo durera jusqu'en 1975, et jusqu'à la fin, son énergie créatrice ne le quittera pas : le merveilleux **Este es el rey**, par exemple, date de 1971. D'Arienzo s'éteindra en janvier 1976.

Dans une interview donnée un mois avant sa mort, il faisait passer ce message [23]

> Si les musiciens revenaient à la pureté du 2 x 4, la passion pour notre musique serait de retour et, grâce aux moyens modernes de diffusion, prendrait une importance mondiale.

Cette interview est d'habitude citée de manière péjorative comme un exemple de l'intransigeance de D'Arienzo en face de l' « évolution »

---

[23] *Tango y Lunfardo* Nº 132, op. cit

du tango. Je ne peux qu'être d'accord s'agissant de l'entêtement de D'Arienzo. Ceci dit, comme danseur, il me semble que ces mots sont le signe de son engagement envers sa vision musicale – une vision qui le porta tout au long de sa vie et qui continue à nous nourrir aujourd'hui, longtemps après sa mort.

D'Arienzo après le big bang : que faut-il écouter ?

Pour les titres des années 1940 ce sont en priorité les tangos chantés, bien que toute sa production soit bonne. Nous avons déjà les deux premiers volumes de Sony-BMG 'Homenaje en Sony BMG' et continuons avec les deux suivants. Quatre albums intéressants du label à présent épuisé 'Euro Records' et qui couvrent les années 1940-1949 sont disponibles mais seulement en téléchargement numérique.

Pour les années 1950, ce sont les instrumentaux et non les vocaux que nous recherchons. Le magnifique album de Solo Tango 'Instrumental vol.1' (une réédition de l'album 'FM Tango' publié en 1992) a été finalement retiré du catalogue en 2013, de sorte que nous devons continuer avec 'Homenaje en Sony BMG'. Il y a bien trop de titres vocaux, mais qu'y faire ?

Plus tard, pour l'ère « Tango for export », commencez avec l'album BMG 'El rey del compás'. Il contient **La cumparsita** de 1971 et le meilleur transfert de **Este es el rey**. Ce CD a été continuellement édité depuis 1993, et c'est peut-être le disque de tango qui a la plus grande longévité. Il y a au moins trois CD avec ce titre, donc soyez attentifs. Nous parlons de celui qu'illustre une photographie nocturne d'une rue de Buenos Aires, imprimée recto-verso !

CD	BMG	669334	El rey del compás (1941-1943)	2005
CD	BMG	669339	Corrientes y Esmeralda (1944-1949)	2005
CD	BMG	669340	Bien Pulenta (1950-1952)	2005
CD	BMG	669344	Mucho Mucho (1953-1954)	2005
mp3	RCA		Serie 78 RPM: Juan D'Arienzo vol.2	2011
mp3	RCA		Serie 78 RPM: Juan D'Arienzo vol.1	2011
mp3	RCA		Serie 78 RPM: Juan D'Arienzo vol.3	2011
mp3	RCA		Serie 78 RPM: Juan D'Arienzo vol.4	2011
CD	BMG	ECD1100	El rey del compás	1993

24 / Carlos Di Sarli :
l'essor de la mélodie

"*Hay que bailar los silencios, y los violins. Aunque no existan.
(Il faut danser les silences et les violons. Même s'ils n'existent pas.)*"

— Portalea[24]

Guide d'écoute

ORQUESTA CARLOS DI SARLI

1/ Milonguero viejo (1940)
2/ Milonguero viejo (1944)
3/ Milonguero viejo (1951)
4/ Milonguero viejo (1955)

5/ Indio manso (1958)

6/ Verdemar (1943) canta: Roberto Rufino
7/ La capilla blanca (1944) canta: Alberto Podestá
8/ Porteño y bailarín (1945) canta: Jorge Durán
9/ Duelo criollo (1953) canta: Mario Pomar
10/ La novia del mar (1953) canta: Oscar Serpa
11/ Tormenta (1954) canta: Mario Pomar
12/ Derrotado (1956) canta: Roberto Florio

---

[24] Gerardo Portalea, cité par Nicole Nau-Klapwijk dans *Tango Dimensionen*, Kastell Verlag 1999. ISBN-10 3-924592-65-9

L'essor de la mélodie

Vous avez sans doute remarqué dans la carrière d'un orchestre un schéma récurrent qui reflète les grands changements sociaux en cours en Argentine dans les années 1940. Dans la plupart des cas, une fois que le chef d'orchestre a trouvé le « son » qui convient, les enregistrements du début sont les meilleurs. Le temps passant, la musique devient plus sophistiquée mais moins dansable. Tandis que le texte chanté gagne en importance, le chanteur se déconnecte de l'orchestre, réduisant encore l'efficacité de l'ensemble comme musique à danser.

Dans le cas de Di Sarli, ce schéma est en défaut. Il n'est pas insensible aux développements en cours et sa musique continue à évoluer, sans devenir moins dansable pour autant. Ses enregistrements des années 1950 sont joués presque autant que ceux des années 1940 et certains considèrent que les titres gravés au début des années 1950 sous le label TK sont ses meilleurs.

Chaque fois que je pense à l'évolution de la musique de Di Sarli au cours des décennies, je pense à l'œuvre pour piano de Debussy, « La cathédrale engloutie ». Il y a une légende dans le nord de la France qui raconte qu'il existait jadis une cité sur la côte bretonne appelée Ys et qui fut avalée par l'océan. Dans une version de cette légende, on dit qu'au lever du soleil la cathédrale sortira de la mer et fera sonner ses cloches avant de sombrer de nouveau dans les flots. Tout ceci est évoqué dans ce prélude de Debussy.

« La cathédrale engloutie » est pour moi une métaphore du déroulement de la musique de Di Sarli : au fil des décennies, elle privilégie de plus en plus non pas le chant mais la mélodie et submerge lentement le rythme de la musique dans un grand bain mélodique. Ce n'est pas un changement soudain mais une évolution constante et progressive durant toute sa carrière, illustrant une conception musicale intérieure à laquelle il restera fidèle. Le génie de Di Sarli réside dans le fait que, tout comme la cathédrale immergée, la structure sous-jacente n'est jamais perdue.

Di Sarli se retira à plusieurs occasions, ce qui facilite la division de sa carrière discographique en périodes distinctes. On peut suivre son style à travers ces époques car il enregistra plusieurs fois certains titres.

1. 1939-1948 : RCA Victor. 158 titres
2. 1951-1954 : TK. 84 titres
3. 1954-1958 : RCA Victor. 80 titres
4. 1958 : Polygram. 14 titres (un 33 tours)

L'album final de Polygram représente le point culminant d'une vie de travail et aucune collection sérieuse de musique de tango ne peut en faire l'économie, bien qu'en termes de style il ne soit pas très différent de la période précédente avec RCA Victor. Le premier contrat de Di Sarli avec RCA Victor est en revanche long et nous avons déjà vu combien sa musique a changé pendant ce temps. Y a t-il un titre qui ait été enregistré deux fois dans cette période, disons une version au début et une vers la fin, tout comme dans les sessions TK et plus tard RCA Victor ?

Il en existe justement un et par chance c'est une composition de Di Sarli, **Milonguero viejo** qu'il enregistra en 1940, 1944, 1951 et 1955. Le « vieux milonguero » du titre est un hommage à Osvaldo Fresedo qui lui donna sa chance pour débuter à Buenos Aires.

Ecoutez les quatre versions. Ce qui frappe d'emblée, c'est combien elles sonnent de la même façon. Les arrangements sont similaires et Di Sarli utilise les instruments de manière identique. Comme à son habitude, les violons prédominent, utilisés à la fois en *staccato* et en *legato*, tandis que le piano de Di Sarli remplit délicatement les intervalles entre les phrases et qu'une basse puissante les accompagne.

Pourtant, en écoutant entièrement chaque version, on réalise que la musique a un effet très différent. Le tempo ralentit considérablement : 73 bpm (battements par minute) dans la première version, puis 63, 60 et finalement 59 bpm. La première version semble manifester une urgence que les autres n'ont pas, mais ce n'est pas tout : la mélodie va s'intensifiant. Comment se peut-il que la mélodie devienne de plus en plus puissante ?

Une grande partie de la réponse se trouve dans le nombre de violons qui va croissant. Dans son orchestre de 1939, Di Sarli a seulement trois violons, qui rapidement deviendront quatre, le nombre de bandonéons restant le même. En 1942, suivant la tendance du moment, la section de bandonéons s'étoffe de sorte qu'il y a plus de bandonéons que de violons. L'orchestre de 1951, par ailleurs, a six violons et cinq bandonéons. Celui de 1954 est le même orchestre, seul le label d'enregistrement a changé.

En 1956, pratiquement la totalité de l'orchestre de Di Sarli (y compris son fidèle premier violon Roberto Guisado) le quitta pour travailler dans les bals de carnaval qui étaient bien mieux payés, et il forma un nouvel orchestre de cinq violons et cinq bandonéons. En 1957, Guisado et un autre violon revinrent, de sorte que l'orchestre comprenait maintenant sept violons et cinq bandonéons. La section de violons fut encore élargie à huit instruments en 1958, ce qui fut une expérience mémorable pour ceux qui assistèrent aux bals de carnaval de 1959.

Année	Violons	Bandonéons
1939	3	3
1940 - 1941	4	4
1942 - 1948	4	5/6
1951 - 1955	6	5
1956	5	5
1957 - 1958	7	5
1958 - 1959	8	5

Carlos Di Sarli : encore plus de violons, s'il vous plaît

Ce que vous constatez, ce n'est pas simplement que le nombre de violons augmente, donnant plus de puissance au « moteur » mélodique, mais que l'équilibre entre violons et bandonéons est modifié. Les bandonéons de Di Sarli ne semblent pas jouer un rôle précis, alors qu'en réalité ils contribuent bel et bien à la pulsation rythmique qui anime les danseurs.

Il se passe la même chose avec la contrebasse et le piano. La main gauche au piano et la contrebasse apportent à un orchestre de tango leur tonalité grave et lui donnent son tempo de marche. Il y a toujours une seule contrebasse et bien sûr un seul piano, ce qui en valeur relative leur donne moins de punch. Di Sarli est passé d'une formation 3-3-1-1 (3 violons, 3 bandonéons, une contrebasse, un piano) à 8-5-1-1. Cette proportion autorise d'incroyables lignes mélodiques mais moins de puissance rythmique.

L'autre partie de la réponse tient au ralentissement inévitable de la musique au cours des années. Dans le cas de Di Sarli, le tempo optimal pour le danseur est probablement celui du début des années 1950, alors qu'il travaille avec le label TK. C'est dommage, car le son des enregistrements TK n'est pas très bon.

Les chanteurs de Di Sarli

Di Sarli fut bien servi par une série de chanteurs excellents et bien choisis. Nous avons déjà rencontré **Roberto Rufino** qui a chanté avec l'orchestre pendant quelque trois années. En nous référant à Rufino, il est impossible de ne pas penser à *Corazón* mais il ne faut pas oublier les titres qu'il enregistra sur un tempo plus tranquille à la fin de son contrat, tel l'immortel *Verdemar*.

Le second chanteur de Di Sarli fut bien sûr **Alberto Podestà**. Il déploie moins d'effets de style que Rufino et l'évolution est un peu similaire à celle de Tanturi lorsque Alberto Castillo fut remplacé par Enrique Campos : moins explosif, mais peut-être encore meilleur pour les danseurs. Podestá est le chanteur le plus subtil que Di Sarli ait eu. D'une série de succès, nous avons extrait *La capilla blanca* de 1944, afin d'illustrer l'excellence suprême de cette association. Quand le refrain arrive, Podestá tient une note aiguë, tout comme il l'a fait avec Laurenz dans *Alma de bohemia*.

Le prochain chanteur à rejoindre les rangs de l'orchestre fut **Jorge Durán**. Avec son baryton à la tonalité sombre, Durán marque un tournant pour Di Sarli qui se montre très en avance sur son temps : il faudra attendre des années avant que d'autres grands orchestres tentent l'expérience de telles voix. Nous avons sélectionné leur premier enregistrement, *Que no sepan las estrellas*. L'ouverture

L'essor de la mélodie

rythmique laisse place à de superbes mélodies, d'abord avec l'orchestre puis bien sûr avec la voix majestueuse de Durán. Ces enregistrements mériteraient d'être mieux connus.

Au début des années 1950, Di Sarli travaillait avec deux nouveaux chanteurs, **Mario Pomar** et **Oscar Serpa**. Pomar avait déjà chanté avec OTV mais vous ne le savez probablement pas parce qu'à l'époque il n'avait pas encore adopté son nom de scène. Il apparaît dans la discographie comme Mario Corrales.

Pomar tout comme Serpa a enregistré une série de grands succès avec Di Sarli. L'interprétation de ***Duelo criollo*** par Pomar est un très bel exemple du style que l'orchestre développait au début des années 1950 : une allure nettement plus lente que le style des années 1940 mais toujours avec un tempo de marche bien marqué. L'interaction entre les violons et la voix est remarquable.

La voix de Serpa est inhabituelle, dotée d'une tonalité vraiment unique chez les chanteurs de tango. Son phrasé lié et expressif est, dit-on, typique des chanteurs de sa région natale, Cuyo (dans la province de Mendoza). Ces caractéristiques s'apprécient nettement dans sa version de 1953 de ***La novia del mar***.

Le label TK utilisait un matériau de basse qualité et en termes d'enregistrement, le résultat est frustrant : une qualité sonore médiocre, encore moins bonne que celle des années 1940. En 1954, Di Sarli décida qu'il en avait assez de ces limitations et retourna chez RCA Victor qui utilisait alors des matrices à bande magnétique. La fidélité du son en fut améliorée de façon spectaculaire : ces tangos sonnent comme s'ils avaient été enregistrés hier.

Chacun connaît les tangos instrumentaux mais les tangos chantés sont aussi très beaux. Le premier que j'ai entendu était la version de 1954 par Pomar du classique de Discépolo ***Tormenta***. Elle me donne des frissons dans le dos et je ne peux plus prendre au sérieux la version de Canaro, pourtant bien plus connue. La façon dont les violons accompagnent la voix de Pomar est tout bonnement sensationnelle.

Que mufa ché ! Tango et superstition

Les Argentins sont des gens superstitieux. Il existe un mot en *lunfardo*, « *mufa* », qui veut dire « malchance » dans le sens d'être de mauvais augure.

Les déboires de Di Sarli commencèrent en 1944. En janvier de cette année, un fort tremblement de terre avait dévasté la ville de San Juan dans l'ouest de l'Argentine. Di Sarli refusa de jouer gratuitement pour un concert de bienfaisance. Les organisateurs furent mécontents et firent courir le bruit que Di Sarli était *mufa*, portait la poisse. Cette calomnie fut reprise avec enthousiasme par quelques-uns de ceux qui considéraient Di Sarli comme leur rival. Le résultat fut que Di Sarli n'eut jamais de contrat dans un film et que nous n'avons par conséquent aucun témoignage de son orchestre en représentation. C'est une grosse perte.

En Argentine, il était courant que les orchestres aient un présentateur qui tenait aussi le rôle de *glosador*, quelqu'un qui lit la *glosa* (un texte poétique destiné à être lu plutôt que chanté). En 1945, Di Sarli engagea à cet effet un présentateur connu. Ils se brouillèrent et le présentateur fut viré mais il se vengea en amplifiant la rumeur comme quoi Di Sarli était *mufa* et lui ajouta le surnom « *El tuerto* », le borgne. Les choses empirèrent à tel point que certains traversaient la rue pour l'éviter. Di Sarli était un homme droit et ne montra jamais qu'il était peiné, mais la calomnie eut un impact négatif. En 1948 Di Sarli finit par capituler. Il dispersa son orchestre et quitta la ville pendant deux ans.

Malgré les dommages substantiels causés à Di Sarli par ces médisances, il a néanmoins réussi à être l'un des plus grands chefs d'orchestre de l'histoire du tango. Sans ces calomnies, son succès aurait été encore plus grand.

L'essor de la mélodie

Quand Di Sarli perdit son orchestre à la fin de 1955 (souvenez-vous, c'était pour aller jouer dans les bals de carnaval), il perdit aussi ses chanteurs. Parmi les remplaçants se distingue le passionné Roberto Florio. Ecoutez par exemple **Derrotado** (*En déroute*) de 1956, avec ses violons qui s'enflent en phrases extraordinaires, et dites-moi si vous n'êtes pas émus.

En novembre 1958, Di Sarli revient en studio pour la dernière fois et enregistre un 33 tours pour le label Polygram. L'album s'ouvre avec une nouvelle version de **Bahía Blanca**, l'un des cinq morceaux instrumentaux de ce disque. La version célèbre que nous avons l'habitude d'entendre n'est pas celle-ci mais celle réalisée avec RCA Victor un peu moins d'un an auparavant, et la comparaison des deux versions est révélatrice.

La nouvelle version n'est pas aussi bonne et cela semble tenir pour beaucoup à la manière dont Polygram l'a enregistrée. La prise de son est trop en avant et le piano de Di Sarli paraît plus lourd – le micro est-il trop près ? Je mentionne tout ceci afin de mettre en relief le génie des autres instrumentaux, particulièrement **Indio manso** et **Una fija**. Ce sont des classiques tout simplement admirables. On a le vertige en imaginant ce qu'aurait pu donner un enregistrement par la RCA Victor.

Ces derniers titres représentent un distillat d'une vie de travail. Di Sarli parle sans cesse aux danseurs. Il est le maître non seulement de la mélodie mais aussi de la phrase. La musique émerge du silence et y retourne en vagues successives. Ces silences ne sont pas vides mais pleins de promesses. Dans ces moments de suspension, nos cœurs sont attirés par le piano cristallin de Di Sarli mais n'oubliez pas d'écouter la contrebasse, dont les notes doubles très nettes (« bom - bom ») annoncent le mouvement suivant, indiquant aux danseurs où placer leurs pieds.

Dans le quartier de Villa Urquiza, il y avait un *milonguero* très réputé comme spécialiste de Di Sarli : **Gerardo Portalea**. En Argentine, beaucoup le considéraient comme le plus grand interprète de sa musique, si tant est que ceci ait un sens. Vers la fin de sa vie, sa santé déclinait et ses exhibitions se faisaient de plus en plus rares, mais il existe une vidéo tournée au club Sin Rumbo. Le morceau qu'il choisit de danser pour cette ultime interprétation ? **Indio manso**.

Les derniers concerts de Di Sarli eurent lieu pendant les bals de carnaval en 1959. Nuit après nuit, des milliers d'auditeurs se pressaient contre la scène, trop submergés par l'intensité et la puissance d'une ligne de huit violons pour songer à danser. Personne ne le réalisa à l'époque mais ces danses allaient être un adieu : Carlos Di Sarli mourut d'un cancer le mois de janvier qui suivit, quelques jours après son 57ème anniversaire.

Carlos Di Sarli : que doit-on écouter ?

En bref : tout, bien qu'il soit difficile de trouver des versions fidèles des titres du début des années 1950 avec TK, et qu'on ne peut pas insister auprès de Polygram pour qu'ils laissent leur album sous presse.

CD	BMG	87490	RCA Victor 100 Años – Carlos Di Sarli	2001
CD	TARG	41299	Sus primeros éxitos vol.2 (Podestá)	1996
CD	TARG	63346	Sus primeros éxitos vol.3 (Rufino / Podestá)	1996
CD	TARG	63347	Porteño y Bailarín (Durán)	1998
mp3	RGS/ Euro		"Tangueando Te Quiero" 1951-1953	2010
mp3	RCA		Archivo RCA : Carlos Di Sarli vol. 2	2011
mp3	RCA		Archivo RCA : Carlos Di Sarli vol. 3	2011
mp3	RCA		Archivo RCA : Carlos Di Sarli vol. 1	2005
mp3	DyD	15230	Cantan Oscar Serpa y Mario Pomar	2005
mp3	Tango-Tunes	12105	El señor del tango	2013
CD	TARG	41297	Instrumental	1998

'Instrumental' de 'Tango Argentino' est le dernier album à rechercher. Les titres des années 1940 sont essentiels, mais ceux des années 1950 sont gâchés par beaucoup de réverbération.

Discographie de Carlos Di Sarli : les derniers instrumentaux

Une génération de danseurs de tango a appris à danser sur cette musique qui possède un tempo de marche modéré et un son très propre. Des 79 titres enregistrés avec RCA Victor dans les années 1954-1957, seuls 23 sont instrumentaux. Di Sarli a enregistré en 1958 un album avec Polygram qui contient cinq instrumentaux de plus, ce qui fait 28 au total. Toute collection digne de ce nom se doit de les avoir en intégralité, bien que l'album de Polygram soit difficile à trouver.

les derniers instrumentaux chez RCA Victor

1	30.06.54	El choclo
2	30.06.54	A la gran muñeca
3	31.08.54	El amanecer
4	31.08.54	Organito de la tarde
5	08.09.54	Don José María
6	14.09.54	Cuidado con los 50
7	14.09.54	Tinta verde
8	28.09.54	La morocha
9	16.11.54	Bar Exposición
10	16.11.54	El once
11	31.01.55	Don Juan
12	31.01.55	El ingeniero
13	20.06.55	La cumparsita
14	20.06.55	Milonguero viejo
15	15.07.55	Comme il faut
16	15.07.55	Germaine
17	28.07.55	Los 33 orientales
18	23.02.56	Rodríguez Peña
19	23.02.56	El jagüel
20	07.03.56	Nueve puntos
21	19.12.56	Viviani
22	12.07.57	Cara sucia
23	21.11.57	Bahía Blanca

les derniers instrumentaux chez Polygram

24	01.11.58	Una fija
25	01.11.58	El abrojo
26	01.11.58	Champagne tango
27	01.11.58	Indio manso
28	01.11.58	Bahía Blanca

25 / Osvaldo Pugliese : peut-être plus que vous ne pensez

Guide d'écoute

ORQUESTA OSVALDO PUGLIESE

1/ Emancipación (1955)

2/ La abandoné y no sabía (1944)
canta: Roberto Chanel

3/ Sin palabras (1947) canta: Alberto Morán
4/ Ventanita de arrabal (1949) canta: Jorge Vidal
5/ Pasional (1951) canta: Alberto Morán

6/ Tierra querida (1944) 7/ Flor de tango (1944)
8/ Derecho viejo (1945)

9/ De floreo (1950)
10/ A los amigos (1960)
11/ A Evaristo Carriego (1969)

La plupart des gens découvrent la musique d'Osvaldo Pugliese, non pas au travers des œuvres dont nous avons parlé plus haut, mais via une sélection restreinte d'instrumentaux magnifiques de la fin des années 1950, par exemple **Emancipación**, **Nochero soy** et **Gallo ciego**. Ce sont là parmi les tangos les plus intenses jamais enregistrés.
Il est tentant de les jouer trop souvent et c'est ce qui se passe dans beaucoup de communautés du tango. Beaucoup d'entre nous les ont entendus tellement souvent qu'il est impossible d'éprouver encore les mêmes sentiments. En outre, cela crée une vision étroite de Pugliese et éloigne beaucoup de monde de sa musique. C'est un peu comme boire trop de bon vin et devenir allergique.

La musique de Pugliese est beaucoup plus vaste que ce que peuvent suggérer ces tangos instrumentaux superbes mais trop fréquemment joués.

Les chanteurs de Pugliese

Par exemple, on dit souvent que Pugliese n'avait pas de bons chanteurs. J'ai mal entendu ?

Le premier enregistrement de Pugliese fut réalisé en juillet 1943 avec la voix de **Roberto Chanel** qui venait de rejoindre l'orchestre. Ce fut un coup de chance pour Chanel : les chanteurs de Pugliese venaient de le quitter pour intégrer d'autres formations qui semblaient leur ouvrir de meilleures perspectives. Pugliese-Chanel est devenu l'une des meilleures combinaisons de l'histoire du tango, un partenariat de la même trempe que Troilo-Fiorentino.

Chanel réussit à concilier le ton nasal et la diction d'un homme de la rue avec un raffinement que nous n'associons pas d'habitude avec ce style de chant. Alberto Echagüe (le chanteur le plus fameux de D'Arienzo) avait aussi une voix populaire mais celle de Chanel est beaucoup plus douce. Il a nettement plus de classe. Les tangos de Pugliese-Chanel sont tellement beaux, et aussi plus faciles pour les danseurs les moins expérimentés que beaucoup d'instrumentaux de Pugliese, parce que leur structure ne représente pas un tel défi pour le danseur : dans beaucoup de morceaux instrumentaux, Pugliese va jusqu'à éliminer le *compás*. Je trouve curieux que l'on ne joue pas plus souvent du Pugliese-Chanel.

Comme tous les grands chanteurs, Chanel est parfaitement à sa place dans l'orchestre dès son premier disque, *Farol*, qui reste l'un de leurs classiques. Si possible, faites comme moi et écoutez à la suite la totalité de leurs 31 enregistrements. Il y a 29 titres en solo et deux en duo avec Alberto Morán, qui arriva sur la scène en 1945. Certains me donnent réellement des frissons : écoutez **La abandoné y no sabía** pour une introduction abordable à cette œuvre un peu méconnue.

Alberto Morán arriva en 1945 comme second chanteur de Pugliese. Il fut choisi pour contraster avec la voix de Chanel et il ne pouvait en effet être plus différent : intense, dramatique et sensuel. Dans *Sin palabras* (1947) on l'entend à son apogée. Morán chante chaque tango comme s'il s'agissait du dernier et dans ses dernières années son lyrisme à haute tension a abîmé sa voix. Aussi merveilleux que soient ces tangos, nous ne pensons pas vraiment à la danse et le travail de Morán s'entend rarement dans les milongas. Pugliese exploitera plus tard ces qualités, mais auparavant nous devons parler d'un autre des chanteurs de Pugliese, **Jorge Vidal**. Laissez-moi le dire, une voix fantastique, l'une des meilleures : un baryton sombre d'une formidable puissance. Il ne se substitua pas vraiment à Chanel parce que ce dernier partit rejoindre Sassone en 1948 et ne fut pas remplacé pendant près de deux années.

Vers la fin de 1949, Osvaldo Ruggiero et Jorge Caldara (deux des bandonéons de l'affiche de Pugliese) découvrirent **Jorge Vidal** chantant dans un café. Vidal était pauvre et sans le sou à l'époque et la nuit il avait l'habitude de dormir sur une table de billard. Un matin, ce fut Don Osvaldo qui le réveilla et lui offrit une place de chanteur dans son orchestre. Vidal accepta mais ne resta qu'une année, gravant huit titres immortels avant de partir en solo une fois de plus. Les tangos par Vidal avec Pugliese sont puissants et dramatiques mais toujours dansables. Le répertoire est particulièrement surprenant. On ne l'imaginerait pas d'après l'interprétation forte et moderne, mais il est largement inspiré de la *guardia vieja* : **Ventanita del arrabal** fut enregistré à la fois par Juan Maglio et Canaro en 1927. Gardel aussi en fit une version en 1930, en même temps que deux des succès de Vidal, **Barra querida** et **La cieguita**. C'est une marque de la qualité de Jorge Vidal que sa réputation repose à présent sur une œuvre qui n'était pas typique de l'orchestre et qui a même pu sembler désuète à l'époque.

Après le départ de Vidal, Pugliese s'embarqua avec Morán pour ce qu'on appela le « renouveau du tango chanté » mais qui était en réalité le début de l'ère du soliste. La voix de Morán pouvait occuper le premier plan. Il était une star de plein droit, accompagné par l'orchestre de Pugliese. Avec sa voix dramatique et sensuelle il avait un énorme succès auprès des femmes : un ami se rappelle que dès que Morán chantait, les danseurs se retrouvaient sans partenaires car ces dames se précipitaient vers la scène. Le tango qui symbolise vraiment ce changement est l'emblématique **Pasional** (1951). C'est une œuvre d'une telle intensité rageuse qu'elle fait voler en éclats les limites du tango tel que nous le connaissons. C'est une merveille et en même temps c'est le commencement de la fin du tango comme musique de danse.

Guide sommaire des instrumentaux de Pugliese

Pugliese dit un jour, avec la modestie qui le caractérisait, que tout ce qu'il désirait faire quand son orchestre entrait en scène était de sauvegarder l'héritage de Julio De Caro, qui risquait de se perdre. Bien sûr, nous savons tous qu'il a fait bien plus que cela. Une façon de s'en rendre compte est d'écouter ses enregistrements des compositions de Julio De Caro et des autres membres de son école.

Tierra querida de 1944 est un bon point de départ et c'est le titre avec lequel EMI ouvre son album de 1996 'De Caro Por Pugliese'. La version est du pur Pugliese. Comparez-la à celle de De Caro (1927) et vous entendrez des arrangements presque identiques. Pourquoi donc éprouvons-nous une sensation complètement différente ? La version de Pugliese respire, elle est pleine de vie ! En comparaison, la musique de De Caro est sèche et intellectuelle, conçue pour faire bouger l'esprit plutôt que les pieds. On peut entendre les idées dans la musique de De Caro, et elles sont magnifiques, mais il manque quelque chose. Pugliese prend les idées musicales de De Caro et il les habille d'humanité. Il leur insuffle la vie.

Faisons de même avec **Boedo** de 1948 et la comparaison est moins évidente. L'enregistrement de Pugliese est plus fluide que n'importe laquelle des quatre versions de De Caro mais il n'est pas typique de son œuvre. Il n'a vraiment pas grand chose à voir avec le tango qui figure sur l'autre face du disque, à savoir **Negracha**. Pugliese a réussi à sauver l'héritage de De Caro mais il est allé au-delà : nous sommes à présent à l'ère de *la yumba*.

Ces instrumentaux des années 1940 de Pugliese restent relativement méconnus dans beaucoup de milongas, à tel point que quand vous les jouez comme DJ les danseurs viennent vous demander ce que c'est. J'espère vraiment devoir corriger cette affirmation pour la seconde édition de ce livre. La musique exige que vous soyez absolument présent : elle exige des danseurs passion et intégrité, au même degré qu'elle les exprime. Un *milonguero* qui enseigne en Europe m'a dit un jour qu'il était heureux de danser avec quiconque, sauf quand on jouait Pugliese. Pour cette musique, tout doit être parfaitement en place.

Tous les instrumentaux de 1940 sont excellents mais je voudrais attirer spécialement votre attention sur deux d'entre eux : **Flor de tango** et **Derecho viejo**. On y assiste à une attaque sidérante des violons : on peut presque voir les crins de cheval voler des archets de Camerano, Carrasco, Herrero et Turksy alors qu'ils se désintègrent sous la force de leur assaut. Aujourd'hui, il est presque impossible d'entendre jouer du violon de cette façon.

En abordant les années 1950, la musique de Pugliese devient encore plus intense. Les instrumentaux sont une succession continue de chefs-d'œuvre cinq étoiles, tandis que les interprétations vocales prennent une direction qu'il est plus difficile d'apprécier aujourd'hui. Quant au répertoire des années 1940, cette musique est bien plus vaste que ce que l'on peut imaginer à partir du menu servi dans les milongas. Pour donner juste un exemple, le *milonguero* Eduardo Aguirre adorait danser la version de Pugliese de **A los amigos**, mais je ne crois pas qu'il l'ait jamais entendue jouer à moins de la demander explicitement. Personnellement, les tangos qui me transportent le plus sont des œuvres de 1950 comme le survolté **De floreo**.

A l'aube des années 1960, nous entrons dans une époque où, dans le cœur du public, le tango a été supplanté par d'autres types de musique, surtout le rock and roll. Il était difficile d'entretenir un orchestre de tango. En 1968, alors que Pugliese était malade et donc incapable d'organiser le travail de son orchestre, six des musiciens-clé de Pugliese commencèrent à jouer ensemble en sextuor. Il ne fallut pas longtemps avant qu'ils se séparent du maestro, en bons termes, mais cela dut néanmoins être un coup terrible : le groupe comprenait son premier bandonéon Osvaldo Ruggiero qui l'accompagnait depuis 1939, son contrebassiste Alcides Rossi (le fils de son bassiste d'origine Aniceto Rossi) et aussi le violoniste Oscar Herrero. Leur départ ôta l'âme même de l'orchestre.

Pugliese reforma très vite son orchestre ; jugez vous-même si ce fut avec succès en écoutant l'un des enregistrements du nouvel orchestre, le bien-aimé ***A Evaristo Carriego*** (1969).

Voici la fin de notre guide sommaire, et j'espère vous avoir convaincu (s'il en était besoin) qu'un monde de trésors attend quiconque prend le temps d'explorer cette musique. Qui plus est, vous pouvez la trouver assez facilement aujourd'hui, même si la répression subie par Pugliese de la part des autorités contribua à en limiter le volume : il était seulement autorisé à enregistrer dix disques par an, alors que sa popularité aurait mérité beaucoup plus. Parmi les pertes, il n'y a pas de version des années 1940 du tango ***Recién***, une composition de Pugliese lui-même. Nous devons nous contenter de la version de Tanturi avec Campos, que l'on s'accorde à trouver merveilleuse mais imaginez-la jouée par Pugliese avec la voix de Chanel !

	Tango	Paroles	Enregistré par
1942	El encopao	Enrique Dizeo	Troilo ; Rodríguez
1943	Recién	Homero Manzi	Laurenz ; Tanturi
1945	Igual que una sombra	Enrique Cadícamo	Miguel Caló

Pugliese : les titres non enregistrés

Je pourrais continuer avec les nombreuses merveilles enregistrées par cet orchestre, mais il est préférable que vous les exploriez vous-mêmes. Un mot d'avertissement : si vous écoutez cette musique, je veux dire, si vous l'écoutez vraiment, il est difficile d'en entendre beaucoup à la fois. Peut-être en est-il de même qu'avec certains remèdes : si vous êtes touchés par cette musique, n'essayez pas de conduire ou de vous servir de grosses machines.

Pugliese en CD : que faut-il écouter ?

Nous avons déjà cité 'Ausencia' et les quatre disques de 'Edición Aniversario'. Concentrez-vous sur l'œuvre des années 1940 et sur les instrumentaux des années 1950. Vous pouvez trouver les titres avec Jorge Vidal dans 'Sus cantores de los '50', qui n'a pas une aussi jolie couverture que le CD de Magenta mais qui vous présente l'un de ses successeurs dans l'orchestre de Pugliese, Juan Carlos Cobos.

Reliquias	499962	Instrumentales inolvidables vol.3	1999
Reliquias	499985	Instrumentales inolvidables vol.2	1999
Reliquias	495374	Sus éxitos con Roberto Chanel	1998
Reliquias	541703	Cantan Alberto Morán y Roberto Chanel	2002
Reliquias	837407	A los amigos	1996
Reliquias	529108	Sus cantores de los '50	2000
Reliquias	859023	Instrumentales inolvidables	1997

'Reliquias' a aussi deux albums de Pugliese avec Alberto Morán : vous n'en avez pas immédiatement besoin, mais les fervents collectionneurs finiront par se le procurer pour les grands tangos qu'ils contiennent.

Les enregistrements des années 1960 sont sous le label Polygram. A moins de les apprécier tout spécialement, cette compilation vous suffit :

| Polygram | 539332 | Nostálgico | 1997 |

26 / Le Troilo oublié

Guide d'écoute

ORQUESTA ANÍBAL TROILO

1/ Malena (1942) canta: Fiorentino

2/ Cotorrita de la suerte (1945) canta: Marino

3/ Sur (1948) canta: Edmundo Rivero

4/ Inspiración (1943)

5/ Responso (1951) 6/ Tanguango (1951)

CUARTETO TROILO-GRELA

7/ Palomita blanca (v) (1953)

8/ La trampera (m) (1962)

L'œuvre de tout artiste connaît des hauts et des bas. C'est vrai de chacun des musiciens dont nous avons parlé, sauf peut-être Di Sarli mais s'il avait vécu pendant les années 1960, son travail en aurait sans doute pâti, comme ce fut le cas pour Pugliese.

Du point de vue du danseur, ces différences entre périodes fortes et faibles sont amplifiées, car notre cerveau peut dire d'une musique qu'elle est bonne tandis que notre corps se refuse à la danser. L'artiste pour qui ceci est le plus vrai est Aníbal Troilo. Révéré en Argentine comme l'un des grands toutes époques confondues, il y a très peu de milongas, même in Buenos Aires, où l'on entend autre chose (excepté quelques-unes de ses valses) que les titres avec Fiorentino – et parmi ceux-ci, uniquement les tangos rapides de 1941. Une carrière d'enregistrement de trente-trois ans est ainsi réduite à neuf mois.

Il y a de bonnes raisons à cela : la musique de Troilo est sophistiquée et elle requiert pour l'interpréter des danseurs habiles, possédant une bonne écoute. Dans les années 1940, Troilo mettait chaque année plus d'accent sur la mélodie ; si les danseurs ne peuvent le suivre, ils s'égarent. Passer cette musique exige aussi des DJ avertis : il faut réserver cette musique à un public expérimenté, et même dans ces conditions, choisir le bon moment, de même que les morceaux qui conviennent. Après avoir dit tout ceci : c'est possible ! On peut écouter, apprécier et danser beaucoup plus de cette musique qu'il n'est d'usage en général.

Commençons avec Fiorentino. L'avons-nous exploré en totalité ? La réponse est non parce que nous nous sommes limités aux titres de l'année 1941. A notre grande surprise, l'œuvre de 1942 sonne différemment : par exemple, la version de Troilo du classique **Malena**, de Demare, ou d'***El encopao*** que nous associons avec Enrique Rodríguez. La musique n'est pas véritablement plus lente : les arrangements plus détaillés donnent à la musique plus de sophistication, laissant moins de place à l'improvisation. La musique est moins organique, mais elle est plus belle.

Passons à présent à **Alberto Marino** qui rejoignit Troilo en 1943 comme second chanteur aux côtés de Fiorentino. Je n'ai entendu qu'une fois sa musique dans une milonga, et ce n'était pas dans mon pays. Peut-on réellement dire que ses enregistrements ne sont pas dansables ? C'est bien sûr un non-sens. Ecoutons **Cotorrita de la suerte** de 1945. Ce que l'on entend d'emblée – avant l'entrée de Marino – c'est la dynamique musicale : cela commence très tranquillement puis croît en force. Cet usage de la dynamique – typique de Troilo – est la première difficulté pour une milonga non traditionnelle : l'environnement est simplement trop bruyant pour une écoute convenable. C'est pour cette raison que nous ne parlons pas autant dans la milonga que dans un café, c'est pour écouter cette superbe musique.

L'archétype du tango qui souffre de ce type de difficultés est **Sur** (1948). On célèbre ce tango comme l'une des plus belles compositions de toute l'histoire du tango. Troilo a écrit lui-même la musique mais elle reste dans les mémoires pour le magnifique texte d'Homero Manzi. **Sur** était le tango préféré du musicien Raúl Garello, lequel citait l'auteur argentin Ernesto Sabato, qui avait dit un jour qu'il aurait abandonné toute son œuvre pour être l'auteur de ces paroles[25].

A moins d'être un aficionado de tango, vous n'en avez probablement jamais entendu parler car il n'est jamais joué dans une milonga. La voix de baryton-basse d'**Edmundo Rivero** est magistrale. Dans le refrain final, sa voix se fait murmure, accompagnée par le trémolo de violons le plus délicat qui soit. Je ne peux qu'imaginer ce que cela donnait en vrai : l'attention de toute la salle captivée, Rivero tenant le public dans la paume de sa main, laissant flotter les mots dans un silence qui laisse entendre chaque nuance de son interprétation. C'est un moment sublime mais vous ne pouvez l'entendre aujourd'hui dans le bavardage de la foule et le vrombissement de l'air conditionné.

Pour les danseurs, les instrumentaux de cette période sont au moins autant un défi que les tangos vocaux. C'est particulièrement vrai pour ceux qui sont issus de l'esprit agile du bandonéoniste précoce

---

[25] Raúl Garello, *Sur* dans Pagina 12, 6th May 2007. Disponible en ligne sur http://www.pagina12.com.ar/diario/suplementos/radar/17-3805-2007-05-06.html (accès : 24th June 2012)

Astor Piazzolla, membre de l'orchestre de Troilo de 1939 à 1944. Dès 1943, le nouvel arrangement de **Inspiración** par Piazzolla avec son solo de violoncelle (le premier dans un tango) laissa perplexes les danseurs et les autres membres de l'orchestre[26].

Troilo changea de style en 1950 en se permettant d'expérimenter librement. Piazzolla (qui travaillait en indépendant) était alors arrangeur principal et les résultats sont pleins d'audace. Certaines œuvres sont remarquables. Pourquoi ne les entendons-nous pas ?

Cette fois, il s'agit d'un autre problème : en même temps qu'il change de style, Troilo change de compagnie d'enregistrement, quittant RCA Victor pour le label argentin TK, à présent disparu. Le matériau que TK utilisait à la fois pour leurs matrices et leurs disques étaient de qualité inférieure et les enregistrements n'ont pas duré aussi longtemps que ceux de RCA Victor : la fidélité sonore est notablement moins bonne que celle des années 1940. TK cessa son activité commerciale en 1963 non sans avoir accordé une licence limitée à Music Hall qui en fit quelques 33 tours. Tous les transferts que vous entendez aujourd'hui proviennent de ces 33 tours. Personne ne semble savoir si les matrices ont survécu et les propriétaires des droits ne sont pas clairement identifiés. J'aime à penser qu'ils sont enfermés quelque part dans une chambre-forte, attendant d'être découverts, mais c'est peut-être prendre mes désirs pour la réalité.

Après tout ce drame, que dire de la musique ? Elle est remarquable ! Troilo propose de nouvelles compositions magnifiques comme **Responso**, sa réponse à la disparition de son ami proche Homero Manzi (collaborateur de Troilo pour **Sur**, **Barrio de tango**, **Romance de barrio** et d'autres œuvres immortelles). On trouve des versions sensationnelles de compositions de la nouvelle vague comme **A fuego lento** de Salgán, **Orlando Goñi** d'Alfredo Gobbi, en hommage au pianiste disparu de Troilo ; et bien sûr les arrangements de Piazzolla de ses propres œuvres récentes telles que **Triunfal**. Troilo aborde aussi quelques classiques de la *guardia vieja*

---

[26] María Susana Azzi & Simon Collier, *Le Grand Tango: The Life and Music of Astor Piazzolla*, OUP USA, 2000 p 34

que nous ne savions pas appartenir à son répertoire, comme **Fuegos artificiales**, **Ojos negros** et **El pollo Ricardo**. Ce sont de superbes interprétations et les plus dansables de ses créations des années 1950, tout en s'autorisant l'usage du *rubato* (un étirement du temps musical).

Pour finir, on trouve le morceau expérimental le plus incroyable, avec des tambours – pas une batterie mais de vrais tambours, ceux utilisés dans le *candombe* – et auprès duquel les tangos-fantaisie de Canaro semblent plutôt conservateurs. Le résultat est **Tanguango** qui laissa les gens pantois la première fois qu'ils l'écoutèrent.

Les années 1950 sont aussi marquées par le début de la collaboration de Troilo avec le guitariste Roberto Grela, dans une formation de quatuor. Grela était le meilleur guitariste de sa génération et dans cette formule, Troilo, considéré par beaucoup comme le plus grand bandonéoniste de tous les temps, pouvait donner libre cours à son jeu superbe, d'une façon qui n'était pas possible au sein de l'orchestre. Le groupe se rencontra seulement pour enregistrer et produisit deux 33 tours : un avec TK dans les années 1950 (12 titres) et un avec RCA Victor en 1962 (12 titres). C'est de la musique de café-concert plutôt que de la musique à danser mais malgré cela on ne peut que la recommander en totalité, car elle est d'une très grande qualité. Essayez la valse **Palomita blanca** et la milonga **La trampera**.

En 1957, Troilo rejoignit Odeón, gravant 24 titres avec eux avant la fin de la décennie. Il n'y a que cinq instrumentaux mais ils sont fascinants car ils présentent une combinaison parfaite de musicalité et de fidélité sonore. Qu'est-ce que cela veut dire ? Que la qualité sonore est réellement excellente, à savoir très claire et dynamique, quoique pas aussi précise que celles des enregistrements stéréo réalisés par Troilo dans les années 1960. L'ennui avec ces disques tardifs est que le public ne danse plus et cela s'entend. Beaucoup possèdent cet album instrumental dans la série ' RCA Victor 100 Años' qui présente ces œuvres des années 1960 et ne le passent jamais. La fidélité sonore est remarquable mais c'est du tango symphonique, qui ne met pas nos corps en mouvement. Comme danseurs, nous pouvons décider que ces enregistrements tardifs ne sont pas pour nous, mais le reste a été injustement oublié.

Voici donc un bref panorama de l'orchestre qui produisit la musique à danser la plus raffinée que le tango ait jamais connue. Vous pouvez en lire plus sur son évolution et sur la relation de plus en plus étroite qu'il développa entre musique et chant dans mon livre *Tango Masters : Aníbal Troilo* – voir page 246.

Le Troilo oublié : que faut-il écouter ?

Concernant l'œuvre des années 1940, écoutez les autres albums de la série de BMG 'Aníbal Troilo en RCA Victor' – mais allez-y doucement. Ce n'est pas de la nourriture express : il faut du temps pour la digérer. Il faudra probablement plusieurs années de votre vie de tango avant que vous ne commenciez à apprécier cette musique. Le processus est comparable à celui qui conduit à devenir un amateur de bon whisky.

BMG	659438	Barrio de tango (1942)	2004
BMG	659439	Uno (1943)	2004
BMG	659440	La cumparsita (1943)	2004
BMG	659441	Tres amigos (1944)	2004
BMG	659442	Quejas de bandoneón (1944)	2004
BMG	659443	María (1945)	2004
BMG	659444	Adiós pampa mía (1945/1946)	2004
BMG	659445	Mientras gime el bandoneón (1946)	2004
BMG	659446	Romance de barrio (1946/1947)	2004
BMG	659447	Cafetín de Buenos Aires (1948/1949)	2004

L'œuvre des années 1950 est maintenant accessible dans un album mp3 de Lantower.

Lantower	81047	Grandes del Tango 39 – Aníbal Troilo 4	2007

Pour Troilo-Grela, le seul CD disponible est celui de BMG qui contient les derniers titres avec RCA Victor. Les premiers enregistrements avec TK ne sont actuellement disponibles qu'en mp3.

CD	BMG	659449	Pa' que bailan los muchachos	2004
mp3	Euro	14033	Troilo – Grela	2010

Cinquième partie

Histoires de tango

27 / Je ne sais pas ce que tes yeux m'ont fait :
L'histoire tragique et inoubliable de Francisco Canaro & Ada Falcón

Guide d'écoute

ORQUESTA FRANCISCO CANARO

1/ Sentimiento gaucho (1930)

2/ Yo no sé qué me han hecho tus ojos (v) (1930)

3/ No mientas (1938)

4/ Nada más (1938)

ORQUESTA FRANCISCO CANARO
dir. Roberto Garza

5/ Corazón encadenado (1942)

Je ne sais pas ce que tes yeux m'ont fait

Dans les années 1920 et au début des années 1930, le tango – la musique populaire de l'époque – faisait fureur au théâtre. Beaucoup de chanteurs célèbres, plutôt que de travailler avec les orchestres de danse, menaient une carrière de star de la scène et de l'écran, comme Ada Falcón dont voici l'histoire.

Ada était une très belle jeune femme au caractère bien trempé. Quand notre histoire débute en 1929, elle connaissait déjà un immense succès. L'ambition maternelle l'avait poussée sur la scène dès l'âge de cinq ans. Grâce à l'appui du pianiste Enrique Delfino qui l'avait entendue se produire en public, elle avait déjà son propre contrat, lui apportant célébrité, richesse et indépendance. Elle vivait dans le luxe, possédait une grande maison dans le quartier huppé de Palermo, des voitures rapides et une cohorte d'admirateurs riches et puissants lui faisaient la cour. L'un d'eux, un Maharadjah, lui offrit un diamant monté en solitaire et chercha à l'enlever. Parmi toutes ces distractions, elle avait néanmoins trouvé l'amour avec un jeune politicien, Carlos Washington Lencinas.

Quand je dis belle, Ada était tout simplement éblouissante et sa voix était à son image. Si vous en doutez, regardez-la chanter **Sentimiento gaucho** dans le film argentin « *Idolos de la Radio* » en 1934. L'expression du visage d'Ignacio Corsini, captivé par le pouvoir de sa voix, pourrait être celle de n'importe lequel d'entre nous, écoutant pour la première fois la majesté, la richesse et le ton dramatique de cette voix. Ada est absolument captivante et son interprétation électrisante. Ecoutez ces paroles remarquables qui semblent être sorties de la bouche de Bouddha :

> *Sachez ceci : le destin de l'homme est de souffrir*
>
> - paroles de *Sentimiento gaucho* (Juan Andrés Caruso)

En 1929, Francisco Canaro était un chef d'orchestre prospère et célèbre – et un homme marié. Toujours prompt à prendre le pouls du public, il avait déjà invité Ada à enregistrer avec lui.

En novembre de la même année, Carlos Washington, le compagnon d'Ada, fut assassiné. Elle écrivit une chanson en sa mémoire, **Sueño con el** (*Je rêve de lui*) et l'enregistra avec Canaro. De fil en aiguille, ils s'embarquèrent dans une liaison passionnée au vu et su du public. Ils formaient ce que nous appellerions aujourd'hui un couple de célébrités.

Le plus extraordinaire est que nous pouvons suivre cette histoire à travers les chansons qu'ils enregistrèrent ensemble, en prêtant surtout attention à celles dont l'un ou l'autre écrivit les paroles. Ils gravèrent 201 titres ensemble sur une période de treize ans. Le premier fut **Aquel tapado de armiño** (*Ce manteau d'hermine*). Les paroles de ce tango ont pour sujet le cadeau coûteux d'un manteau d'hermine et ce qui s'ensuit. Alors qu'en 1929, Ada Falcón est encore heureuse avec un autre homme, on ne peut s'empêcher de penser qu'elles préfigurent ce qui va se passer.

En 1930, Canaro et Falcón enregistrèrent une valse que Canaro venait juste d'écrire : **Yo no sé que me han hecho tus ojos** (*Je ne sais pas ce que tes yeux m'ont fait*). Ada était célèbre pour ses grands et magnifiques yeux verts et le sujet de cette chanson ne laisse aucun doute. C'est une offrande, une chanson d'amour écrite par Canaro pour Ada.

On imagine la scène dans le studio d'enregistrement, alors qu'elle chante devant lui, l'auteur de ces paroles. Ou bien lorsque, la même année, elle chante ce tango de Canaro **Vos también tenés tu historia** (*Toi aussi tu as ta propre histoire*).

Ada voulait que Canaro divorce mais celui-ci, riche comme il était, n'acceptait pas d'abandonner la moitié de sa fortune, et l'épouse de Canaro (qu'Ada surnommait « la francesa ») ne l'entendait pas de cette oreille. Elle fit tout son possible pour effrayer Ada, la traquant et allant jusqu'à rayer ses voitures.

Les choses atteignirent un paroxysme un jour de 1938 où l'épouse de Canaro décida de se rendre au studio. Lors d'une pause entre deux prises, Ada et Canaro s'étaient retirés dans une petite pièce. Ada était assise sur les genoux de Canaro. Soudain, la porte s'ouvrit.

« La francesa » apparut, ouvrit son sac, en tira un revolver et le pointa sur Ada qui s'enfuit.

Prétextant la maladie, Ada annula ses représentations et s'enferma chez elle, se retirant de la vie publique. Elle accepta d'honorer ses contrats d'enregistrement à l'unique condition de chanter derrière un rideau, afin que personne ne puisse la voir. Une fois libérée de ses engagements elle vécut de plus en plus en recluse, ne quittant sa maison que pour aller à la messe avec sa mère.

La réponse de Canaro fut de démarrer une autre liaison (certains disent que ce fut avec Adhelma, la sœur d'Ada).

Les enregistrements nous racontent cette histoire. Ses derniers rendez-vous en studio avec Canaro datent de 1938 et elle y chante quatre titres. Deux d'entre eux sont **No mientas** – *Ne mens pas* – et **Nada más** – *Rien de plus*.

Je trouve que le public moderne, surtout hors du monde latin, a souvent du mal à prendre ces textes au sérieux. Il les trouve exagérés et dans un sens c'est vrai : c'est l'influence de l'opéra, un style amené en Argentine par les Italiens. Cependant, l'histoire des difficultés amoureuses est celle de chacun. Un homme et une femme modernes n'ont-ils jamais brisé un cœur ou aimé quelqu'un qu'ils ne devaient pas aimer ? Ecoutez ces paroles que Falcón chante à Canaro ce jour-là, pour la toute dernière fois :

> Je ne veux rien, rien de plus
> Ne me laisse pas, face à face avec la vie
> Je mourrai si tu m'abandonnes
> Parce que sans toi je ne sais comment vivre

Après tout ceci on pourrait penser qu'Ada Falcón a assez souffert, mais non, elle n'en a pas encore terminé.

En 1940, un autre homme entra dans la vie d'Ada, le séduisant acteur et chanteur mexicain José Mojica, qui était à Buenos Aires pour jouer dans le film « Melodías de América ». Ils semblaient partager beaucoup de choses : tous les deux étaient beaux et avaient du succès, étaient croyants et très proches de leur mère. Ils débutèrent une liaison romantique. Ada allait-elle à nouveau trouver l'amour ?

Il était écrit que non. Un jour, Ada entra dans la loge de José et le trouva dans les bras d'un homme.

Cette dernière trahison paraît avoir déséquilibré Ada. Elle ne quittait plus la maison que pour aller à l'église, toute de noir vêtue. Là, elle s'adressait à haute voix aux statues, priant pour son pardon. Pour finir, elle eut une vision de Saint François et prit la décision de se retirer dans un couvent franciscain à Cordoba.

Avant de partir, elle enregistra deux titres de plus avec l'orchestre de Canaro mais, sans doute à sa demande expresse, sans Canaro. Pour l'occasion ce fut l'arrangeur Roberto Garza qui dirigea l'orchestre.

Les morceaux qu'elle choisit pour ces ultimes enregistrements sont : **Corazón encadenado** (*Un cœur enchaîné*) et **Viviré con tu recuerdo** (*Je vivrai avec ton souvenir*).

Soixante ans plus tard, un chercheur argentin retrouva sa trace et elle lui accorda un entretien que vous pouvez voir dans le remarquable documentaire « **Yo no sé que me han hecho tus ojos** ». Cette interview est déchirante. Lorsqu'on lui demande si elle et Canaro s'aimaient, elle s'écrie « Non ! Non ! Non…non… » et l'on comprend que cela signifie : oui.

Ada est morte le 4 janvier 2002 et a été enterrée à Buenos Aires dans le cimetière de la Chacarita. Seulement six personnes ont assisté à la cérémonie.

Elle repose dans le même mausolée que Canaro.

Remerciements :
Nada Más (tango). Musique : Juan D'Arienzo. Paroles : Luis Rubinstein.
Publié par Warner / Chappell Music Argentina.
Paroles reproduites avec l'aimable permission de SADAIC.

28 / L'Empereur Hirohito offrit de lui envoyer un sous-marin : le tango au Japon

Après la guerre, l'importance du tango déclinait dans le monde et dans les années 1970 il sombrait dans l'oubli en Argentine. Néanmoins il resta populaire dans un pays : le Japon.

L'histoire de l'arrivée du Tango au Japon est importante car elle explique comment les Japonais sont devenus d'aussi ardents collectionneurs de disques.

Le tango parvint au Japon depuis Paris (pouvait-il en être autrement ?) en 1926. Celui qui le ramena chez lui était le Baron « Tsunami » Megata, fils de diplomate, qui avait passé six années à Paris. Il avait fait le voyage pour une opération de la hanche et il se remit en apprenant le tango au cabaret « El Garrón ».

Megata rentra chez lui avec une grosse pile de disques de tous les orchestres les plus importants du moment et ouvrit une école de tango, offrant des cours gratuits à l'aristocratie japonaise. Le tango devint de plus en plus populaire et quand Juan Canaro (l'un des frères de Francisco Canaro) arriva en 1954, le Japon comptait déjà plus de vingt *orquestas típicas*. Francisco lui-même débarqua en 1961.

Il y avait un orchestre que les Japonais tenaient tout spécialement à accueillir dans leur pays ; c'était celui de Juan D'Arienzo mais ce dernier répugnait à entreprendre ce long voyage. La question remonta au plus haut niveau du gouvernement japonais et en 1968 l'Empereur Hirohito intervint personnellement. Il envoya un chèque en blanc à D'Arienzo via l'ambassade du Japon à Buenos Aires, invitant D'Arienzo à y inscrire la somme qui lui convenait pour lui et son orchestre.

Néanmoins, D'Arienzo avait peur de prendre l'avion. En 1935, son ami proche Carlos Gardel avait tragiquement disparu dans un accident aérien en Colombie. Gardel allait souvent écouter D'Arienzo jouer au Cabaret Chantecler et D'Arienzo prétend qu'un jour Gardel lui avait dit[27] :

> *« Ecoute, Juanito, je crois que je mourrai dans un avion ! »*
> *Je lui répondis, « Cela n'a pas de sens ! Arrête de dire des bêtises. » Mais ce n'étaient pas des bêtises. C'était prémonitoire.*

Hirohito fut informé de ce que D'Arienzo ne voulait pas prendre l'avion mais ne se découragea pas pour autant. Il proposa d'envoyer un navire de guerre. Apprenant que le voyage durerait quarante jours, D'Arienzo déclina tout autant. Finalement, Hirohito offrit d'envoyer un sous-marin, ce qui aurait écourté le trajet de quinze jours. Ceci aussi fut refusé au prétexte qu'il serait isolé pendant le voyage et incapable de sortir : que se passerait-il si le Japon décidait d'entrer en guerre alors qu'il était en route ?

Pour finir, l'orchestre fit le voyage sans lui. Le pianiste Juan Polito dirigea l'orchestre pour l'occasion et la tournée eut un tel succès qu'ils retournèrent au Japon en 1970.

---

[27] http://www.todotango.com/historias/cronica/4/DArienzo-El-tango-tiene-tres-cosas/ (accès : 20 de enero de 2012. Publié à l'origine en *La Maga* magazine, Buenos Aires, mercredi 13 Janvier, 1993.

29/ Osvaldo Pugliese : Al Colón !

Guide d'écoute

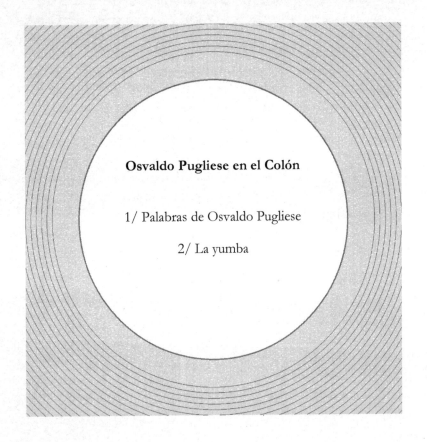

Osvaldo Pugliese en el Colón

1/ Palabras de Osvaldo Pugliese

2/ La yumba

L'orchestre d'Osvaldo Pugliese apparaît dans le film argentin « *Mis cinco hijos* », présenté en 1948. Trois morceaux y sont joués en totalité. La scène a lieu dans une milonga, on y voit des couples en train de danser et des fans juste devant la scène. Tandis que l'orchestre attaque l'accord final de **La yumba**, les fans applaudissent à tout rompre en s'écriant : *Al Colón* !

Le théâtre Colón est la principale scène de théâtre et d'opéra de Buenos Aires. Ce n'est pas un lieu provincial. Dessiné pour être plus opulent que la célèbre Scala de Milan, c'est le théâtre le plus luxueux de l'hémisphère Sud et il est considéré comme l'un des plus beaux du monde. Parmi les grands artistes qui ont foulé sa scène on compte Strauss, Caruso, Maria Callas, Anna Pavlova, Nijinski, Baryshnikov, Margot Fonteyn, Toscanini, Furtwängler et Pavarotti, pour n'en citer que quelques-uns.

Al Colón ! — Au Colón ! — est une expression argentine qui signifie : « vous êtes tellement bons, vous devriez jouer au Colón ». Mais cela traduisait aussi le véritable espoir des fans de Pugliese que leur héros, un homme de la classe ouvrière et communiste convaincu, un homme harcelé par la police et fréquemment emprisonné, se produirait sur la même scène que ces grands noms dans le théâtre qu'on avait appelé le « temple de l'oligarchie ». Bien sûr, c'était une plaisanterie.

Néanmoins, nous le savons, la vie adore la plaisanterie.

En 1985, l'aventure désastreuse de la guerre des Malouines provoqua la chute du régime militaire en Argentine, et le pays fit l'expérience d'une paix nouvelle. Il se trouve qu'un concert fut organisé au Teatro Colón pour Osvaldo Pugliese, qui venait d'avoir quatre-vingts ans.

Le concert fut filmé et nous pouvons ainsi partager un peu de l'atmosphère de cette soirée historique, qui comme on peut l'imaginer fut parfaitement électrique.

Une rubrique du site web du théâtre fait la liste des nombreux grands artistes qui s'y sont produits. Elle ne mentionne pas Osvaldo Pugliese.

Plutôt qu'à ce site, laissons le dernier mot au maestro à qui on demanda de dire quelques mots au micro avant le dernier morceau. Avec sa modestie caractéristique, il dit :[28]

> *En vérité… c'est une soirée pour les gens, pour le peuple, pour les amoureux de notre art bien aimé, le tango.*
>
> *Nous sommes juste les enfants de la machine à tango, une vis de cette machine, rien de plus ; à certains moments, nous pouvons être utiles, à d'autres non.*

Pugliese continua en remerciant les organisateurs et tous les musiciens qui avaient œuvré avec lui sans compter depuis 1939. Pour finir, il dédicaça le dernier morceau avec ces mots :

> *Cette soirée réalise le rêve de ma mère bien-aimée, qui n'est plus là, et si vous me le permettez, j'aimerais dédier le prochain tango à ma très chère maman ; parce qu'elle fut la première à dire : « Al Colón ».*

Pour le dernier thème, **La yumba**, Pugliese fut rejoint sur la scène par de nombreux musiciens qui avaient joué avec lui tout au long de ces années, comme **Osvaldo Ruggiero**, un vétéran de l'orchestre de 1939. Au total, la ligne de bandonéons comprenait dix musiciens.

Ils cassèrent la baraque.

Don Osvaldo reçut cinq ovations debout.

---

[28] transcrit depuis *Osvaldo Pugliese en el Teatro Colón 1985*, VHS. Le CD contient le discours mais une partie a été coupée.

Postface

Nous avons besoin de plus de mots pour parler des sons.

Nous vivons un âge de l'image. En écrivant ce livre, j'ai dû batailler pour trouver des expressions ou même des mots pour des expériences qui ne sont pas visuelles par nature. J'ai parlé de la *vision musicale* d'un musicien ou expliqué comment il a changé le *paysage musical*. Les chapitres sont *illustrés* par des exemples musicaux. Nous traçons un *panorama* d'une carrière ou y jetons un *coup d'œil*.

Le son ne fonctionne pas ainsi.

Le son a une puissance créatrice.

Mon souhait est que nous puissions éprouver ceci avec la musique, notre musique, notre bien-aimé tango. Avant que les dernières notes ne disparaissent, puisse-t-il nous transformer.

Annexe : Anatomie d'un *orquesta típica*

La figure de la page suivante montre la disposition d'un *orquesta típica* (« orchestre traditionnel »), le type d'orchestre composé pour jouer de la musique de tango.

Du côté gauche de la scène se trouve le piano. Il est orienté de telle sorte que le pianiste puisse voir les danseurs et – le cas échéant – le chef d'orchestre. Alors que D'Arienzo et Canaro se tenaient sur le devant, Di Sarli et Pugliese dirigeaient leur orchestre depuis le piano.

Sur l'un des côtés du piano, on trouve la contrebasse. Avec les notes basses du piano, elle fournit les notes graves de l'orchestre. Puisque la partie basse du piano se situe à main gauche du clavier, la contrebasse est habituellement du côté gauche du piano.

Dans la plupart des orchestres, la *fila* ou ligne de bandonéons se trouvait devant la scène, en position assise, avec la ligne de violons derrière, en position debout. Dans les années 1940, il était courant de trouver quatre bandonéons et quatre violons, ce qui faisait dix musiciens en tout. Le *sexteto típico* (« sextuor traditionnel ») des années 1920 ne comportait que deux bandonéons et deux violons, soit six musiciens au total.

Le chanteur avait coutume de se tenir à l'avant mais sur une scène très encombrée il pouvait être debout parmi les violons. Rappelez-vous, le *cantor de orquesta* des années 1940 n'était pas la star accompagnée par l'orchestre mais un instrument parmi l'orchestre.

Anatomie d'un orquesta típica

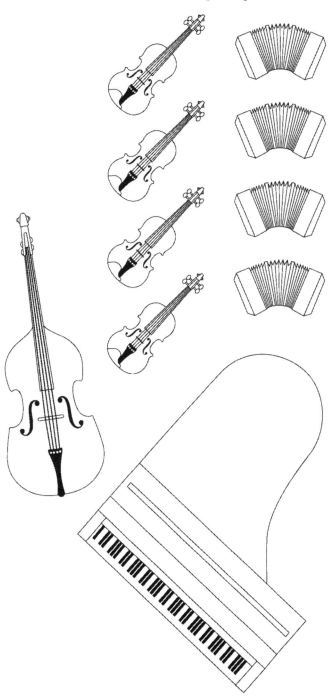

L'écoute de la musique de tango

Guide à l'intention du débutant

Si vous écoutez de la musique de tango pour la première fois et surtout si votre principale expérience musicale est la musique pop de notre époque, il peut être difficile d'entendre ce qui se passe et votre impression sera celle d'un « mur de sons ». La bonne nouvelle, c'est qu'écouter de la musique est une faculté que l'on peut développer. L'écoute attentive change immédiatement notre expérience, l'enrichissant et créant une relation avec la musique. Si vous êtes un danseur, vous dansez ce que vous entendez et sans attendre, votre danse va également changer et ceci sans apprendre de nouveaux pas.

1. Les quatre éléments

La musique de danse peut être vue comme composée de quatre éléments : le tempo (*compás*), le rythme, la mélodie et le texte chanté. Le texte est facultatif mais les sentiments sont toujours bien présents. Le premier pas pour développer nos capacités d'écoute est d'apprendre à distinguer ces quatre éléments. Cela mène à quatre facultés d'écoute qui pour le danseur correspondent à quatre compétences : la capacité de danser le tempo, le rythme, la mélodie et le texte chanté.

Tempo et rythme ne sont pas la même chose. Par tempo on entend la pulsation régulière de la musique. Le tempo seul n'est pas de la musique mais il en est le fondement. Nous marchons sur le tempo et donc sans tempo il n'y a pas de danseur qui marche. Le tempo est un phénomène naturel, physique, comme le battement de notre cœur ou la cadence de la marche, ou encore de notre respiration. Certaines personnes croient qu'elles n'ont pas « le sens du rythme » mais le tempo est en elles, attendant d'être découvert.

Tempo et rythme sont connectés, et il est rare de trouver un tango fait de pur tempo (à savoir sans variation rythmique). Il en existe pourtant un : **Nueve de julio** de Juan D'Arienzo, qui, curieusement – mais de manière significative – concrétisa la percée du nouveau son de D'Arienzo, créé par l'arrivée de Biagi en 1935.

Par rythme, à la différence du tempo, nous entendons le schéma changeant que forment les temps forts. Un exemple classique est l'ouverture de **Milongueando en el 40**, enregistré par Troilo en 1941, avec sa cascade de syncopes : 1-2-3, 1-2-3, 1-2-3, 1-2-3, 1-2, 1-2, 1.

La mélodie est l'air, ce que nous chantons en nous-mêmes ou à d'autres, quand nous nous rappelons un morceau. Les orchestres les plus romantiques privilégient la mélodie sur le tempo et le rythme. C'est quelque chose que l'on entend se développer dans les derniers disques de Di Sarli. Pour un exemple plus ancien, tournons-nous vers le fameux enregistrement de **Malena**, par Lucio Demare en 1942, de sa propre composition. La ligne mélodique est claire et vigoureuse donc facile à suivre.

Pour finir, il y a le texte chanté – et sa signification. Cet élément est caché si vous ne parlez pas espagnol. Comme exemple, prenons l'enregistrement de **Te quiero** (*Je t'aime*) par Ada Falcón en 1940 avec l'orchestre de Francisco Canaro. Les premières lignes en sont :

> *Je t'aime ! Comme personne ne t'a jamais aimé, et comme personne ne le fera jamais ;*
> *Je t'adore ! Comme on adore la femme qu'on doit aimer...*

Entendre ces paroles va sûrement changer votre relation avec cette chanson et susciter des émotions, peut-être des souvenirs, qui vont s'incorporer à la musique et s'exprimer dans votre danse.

Les orchestres de tango mélangent ces éléments différemment, avec diverses priorités ; c'est un moyen de « ressentir » ces orchestres et de les distinguer les uns des autres.

Le tempo (ou pulsation)

Les battements de temps ne sont pas marqués de façon identique – ils ont leurs caractéristiques et chaque orchestre a une façon bien à lui de les marquer. Une première tentative pour distinguer et ressentir ces styles serait de les classer en termes d'opposition bipolaires : dur ou doux, fort ou faible, tranchant et saccadé (staccato) ou arrondi et lié (legato). Le tempo de D'Arienzo est staccato, une évolution qui atteint son zénith avec Biagi (par exemple la pulsation extrême de **Racing Club**), tandis que le tempo de Caló est lié et doux (**Al compás del corazón**). Troilo est plus sophistiqué et oscille entre staccato et legato (**Milongueando en el 40**, 1941).

Cette analyse n'est plus valable si l'on écoute de la musique d'avant la décennie glorieuse. Les battements de Roberto Firpo ou de Juan Maglio (**Sábado inglés**, 1928) sont puissants mais doux en même temps. Durant cette époque, la plupart des orchestres faisaient dans leur musique un usage abondant de l'*arrastre*. Qu'est-ce qu'un *arrastre* ? C'est lorsque le temps fort, au lieu d'être quelque chose d'instantané, est allongé, commençant doucement puis accélérant crescendo. En tango, ceci se décrit par le son *zhum* (que l'on écrit *yum*). Cet effet est produit sur tous les instruments de l'orchestre. Au bandonéon, il est obtenu en marquant les doigtés avant d'ouvrir les soufflets et en accélérant ensuite l'ouverture jusqu'à un arrêt soudain : écoutez par exemple l'ouverture de **Melancólico** par Troilo. Pour les cordes, l'archet est placé sur la corde avant d'être mis en mouvement, puis accéléré. Si vous n'avez pas l'habitude d'écouter cet effet, il est plus facile de commencer par la contrebasse que par les violons, par exemple avec l'ouverture de **Buenos Aires hora cero** de Piazzolla. Du point de vue de la marche, le plus important des instruments à corde est la contrebasse car ce sont les notes graves qui produisent les temps forts sur lesquels nous marchons. Et si l'on écoute les violons, l'accord d'ouverture de **Retirao** par Di Sarli nous fournit un exemple extrême.

Quand tout l'orchestre effectue l'*arrastre*, l'effet peut être spectaculaire. On en trouve des exemples marquants dans le sextuor d'Osvaldo Fresedo, tels que **Tinta verde** (1927). Voici qui révèle une autre facette de Fresedo, pleine de mordant. Dans la période qui suit, l'*arrastre* perdra de l'importance, avant qu'Osvaldo Pugliese ne l'incorpore dans ce qu'il appelle *la yum-ba* : une cellule répétée de deux *arrastres* ('*yum*') marqués sur les temps 1 et 3, séparés par des accords moins puissants sur les temps 2 et 4 ('*ba*'), soutenue par une contrebasse qui frappe avec énergie les cordes avec l'archet.

Les caractéristiques de la pulsation affectent celles de la marche. Danser différents orchestres ne signifie pas choisir avant tout des figures différentes pour différents types de musique – bien que ce soit possible – il s'agit de la manière de danser. Les différentes sortes de pulsation nous inspirent différentes qualités de marche, différentes façons de poser nos pieds sur le sol. L'*arrastre* en particulier peut influencer notablement la manière dont le poids est transféré sur le pied.

Rythme et syncopes

Les principaux effets rythmiques en tango sont les syncopes : des battements tombant là où on ne les attend pas.

Commençons avec D'Arienzo. Il utilise principalement la *syncopa*, la syncope classique du tango. En termes occidentaux, il s'agit de la syncope « en retard sur le temps » : écoutez par exemple les premières syncopes de **Don Juan** (1936). Pour un danseur, l'accélération staccato induite par la *syncope* suggère fortement un *corte* ou pas coupé. Ces syncopes apparaissent souvent en séries de trois, une information utile pour le danseur.

Ecoutez attentivement et vous entendrez que chaque syncope est en réalité une double syncope : une syncope « en retard » suivie d'une autre de nature différente, une syncope « en avance sur le temps ». Cette dernière est d'habitude beaucoup plus tranquille et nous ne la remarquons pas mais lorsque les deux ont la même intensité, le résultat peut être déconcertant comme dans les mesures d'ouvertures de **Homero** de D'Arienzo (1937). On entend aussi cette combinaison à l'ouverture des trois versions de **Organito de la tarde** par Di Sarli.

Une autre syncope classique est la combinaison 3-3-2 (comptant 8 temps soit 1-2-3, 1-2-3, 1-2). A l'âge d'or du tango, on trouve ceci seulement dans les orchestres les plus sophistiqués. Des exemples marquants en sont **Arrabal** de Pedro Laurenz (1937) ou **Comme il faut** de Troilo (1938) – deux enregistrements galvanisants.

Un exemple encore plus sophistiqué et unique, que l'on peut voir comme dérivé du 3-3-2, est la cascade de syncopes que Troilo emploie à l'ouverture de ***Milongueando en el '40*** (1941). Le décompte en est : 3-3-3-3-2-2-1.

La mélodie

La mélodie est construite en phrases, comme le discours humain. Ces phrases peuvent être courtes ou longues. Dans les tout premiers âges du tango, ceux du 2 x 4, les phrases étaient toujours courtes : pensez par exemple à ***El choclo***. Mais ceci allait vite changer. L'exemple par excellence de longue phrase en tango se trouve dans ***Flores negras*** (1927), de Francisco De Caro (1927), l'une des plus belles mélodies jamais écrites pour le tango. C'est aussi un très bel exemple de contrepoint : écoutez attentivement les phrases d'ouverture et sous les tonalités nasales du violon à cornet de Julio De Caro, vous pourrez distinguer un air totalement différent joué par le second violon.

Le texte chanté

Parler en détail des paroles des tangos dépasserait le cadre de cet ouvrage. Il faut pourtant noter que pendant la décennie glorieuse, des textes tristes furent souvent accompagnés de musiques brillantes par les orchestres de danse : songez seulement à ***Toda mi vida*** de Troilo (1941). Ceci crée un effet aigre-doux qui n'est peut-être pas un accident. Si vous voulez l'apprécier, il n'y a pas d'autre solution que l'apprentissage de l'espagnol.

Association des quatre éléments

De manière générale, les orchestres de danse penchent vers une combinaison qui favorise ou bien le tempo et le rythme (D'Arienzo), ou bien la mélodie (le Di Sarli tardif). Quand ils combinent les deux aspects, le résultat nous comble : voir par exemple Tanturi avec Campos ou D'Agostino avec Vargas.

2. Les instruments

Après avoir brièvement examiné la façon dont les orchestres traitent les éléments de tempo, rythme et mélodie, regardons à présent comment ils utilisent les forces instrumentales à leur disposition : les bandonéons, les violons et le piano. Quelle est l'importance de chacune de ces sections ? Dans le cas des bandonéons et des violons, donne-t-on des solos aux musiciens ? Et si tel est le cas, y a-t-il une caractéristique de leur jeu qui nous fasse apprécier et identifier tel ou tel musicien ?

L'orchestre de D'Arienzo a toujours eu une fantastique section de bandonéons et beaucoup de morceaux se terminent par une *variación*, véritable vitrine de la maestria de tout le groupe. Un exemple classique pourvu d'un phrasé très clair est la *variación* de **Paciencia** (1937). Ecoutez-la avec attention, vous y percevrez aussi de savoureux changements de rythme (de 4 à 3 temps par note) que D'Arienzo emploie souvent dans ses *variaciones*.

L'orchestre de Troilo utilise les bandonéons de manière totalement différente. Plutôt que de mettre toute la section en valeur, il donne de la place aux solos de Troilo. Ce dernier était célèbre pour le sentiment qu'il mettait dans son jeu et en maintes occasions il joue de la musique avec une seule note : le suprême exemple est son solo à la fin de la milonga **Del tiempo guapo**. Ses solos plus connus dans **La tablada** (1942) et **La cumparsita** (1944) utilisent peu de notes et paraissent économes et modestes, créant une atmosphère subtile et introvertie.

Un autre usage du bandonéon est illustré par le maître bandonéoniste Pedro Laurenz. Son orchestre se sert de variations ininterrompues, dans lesquelles le bandonéon ne s'arrête pas pour respirer. Le bandonéon est bi-sonique : chaque bouton produit deux notes différentes suivant que l'instrument est ouvert ou fermé. Il est plus facile d'en jouer avec puissance en l'ouvrant car avec l'aide de la gravité, l'instrument tombe ouvert sur les genoux. Pour cette raison, de nombreux bandonéonistes jouent principalement en phase d'ouverture et ferment rapidement l'instrument afin de revenir à la phase d'ouverture. Laurenz, à l'inverse, continue à jouer – écoutez l'un de ses enregistrements de 1940 avec son orchestre, comme ***No me extraña***. C'est un jeu virtuose qui requiert une maîtrise totale de l'instrument.

Il y a d'autres bandonéonistes dont on peut reconnaître le son. Osvaldo Ruggiero, le premier bandonéon de Pugliese pendant 24 ans, s'identifie instantanément par le son net et perforant qu'il produit, par exemple dans la version de 1944 de ***Recuerdo***. La facilité avec laquelle il découpe la *variación* finale, sans effort apparent, est trompeuse. On ne réalise combien elle est difficile à exécuter que lorsqu'on entend un autre musicien s'y essayer.

Un autre bandonéoniste avec un son bien à lui est Minotto Di Cicco, le premier bandonéon de Canaro pendant de nombreuses années. Minotto approfondissait réellement l'étude de son instrument, réalisant des accords avec une gamme de notes étendue, tout en maintenant un doigté très net. Un bon exemple se trouve dans ***La muchachada del centro*** de 1932.

Les violons

Le violon a été un instrument du tango depuis ses débuts et quelques orchestres ont favorisé les violons au détriment des bandonéons. L'exemple classique est l'orchestre de Carlos Di Sarli. Comme exemple intéressant, écoutons la version de 1940 du tango instrumental ***El pollo Ricardo***. Etant donné l'année d'enregistrement (encore sur la lancée de l'explosion d'Arienzienne), le style de jeu est staccato et rapide, mais le piano permet d'identifier facilement la musique comme étant celle de Di Sarli. Dans le premier refrain, les bandonéons sont utilisés pour soutenir l'attaque tranchante de la section de cordes.

On peut entendre une attaque encore plus franche de la part du violon de Raúl Kaplún qui rejoignit Lucio Demare en 1942. Il ajoutait ainsi de la force à la sonorité lyrique de Demare, dans une combinaison que l'on peut entendre dans les notes d'ouverture de beaucoup de ses tangos, un exemple typique étant **El chupete**.

Un autre orchestre qui possède un son de violons musclé, mais avec une texture plus dense, est celui de Tanturi dans ses années avec Campos comme chanteur. L'exemple classique est ***Oigo tu voz***, dans lequel le violon ouvre le morceau.

D'Arienzo refuse ces possibilités à ses violons et revient au violon *obbligato* de la *guardia vieja* : pas vraiment une mélodie mais une simple ligne, jouée doucement sur la quatrième corde et qui se fraye un chemin à travers la musique. Vous pouvez l'entendre par exemple dans la conclusion de sa première version de ***La cumparsita*** (1937) – et tout simplement un peu partout dans sa musique.

Le piano

L'usage du piano au sein de l'orchestre montre de grandes différences, peut-être plus que pour les autres instruments. Il est d'une certaine manière l'axe, la colonne vertébrale de l'orchestre. Son rôle peut se restreindre au simple accompagnement, comme chez Tanturi (par exemple ***Pocas Palabras***) mais les grands orchestres ont été plus loin. Le piano apparaît fréquemment dans les espaces entre les phrases, où il remplit différentes fonctions. Parfois, surtout dans les valses, il lie les phrases entre elles, comme le piano d'Osmar Maderna pour Miguel Caló dans ***Bajo un cielo de estrellas***. D'autres fois, il ponctue les phrases, comme Biagi dans l'orchestre de D'Arienzo : écoutez ***El choclo***. Chez D'Arienzo, le piano s'entend en général assez haut sur le clavier : le marcato de ses bandonéons est tellement puissant que ses pianistes, exceptionnellement, n'ont pas besoin de beaucoup travailler dans le registre grave.

Le piano de Di Sarli est également très facile à remarquer dans les interstices entre les phrases où il place des trilles délicats comme des clochettes mais son travail principal réside dans sa main gauche. Un bon exemple en est sa version de ***La cachila***, et pas uniquement parce qu'elle contient un solo de piano. Di Sarli l'enregistra deux fois, en 1941 et en 1952. Les deux versions diffèrent notablement quant au piano : si vous pouvez, essayez d'écouter les deux.

Pour finir, venons-en au plus brillant pianiste d'improvisation du tango, Orlando Goñi, un homme dont la contribution à l'orchestre de Troilo n'a pas été vraiment reconnue comme il se doit. Bien sûr, il brille particulièrement dans les instrumentaux. ***C.T.V.*** vous donne une bonne idée de ce dont il est capable : il rugit sur tout le clavier avec une grande liberté. Il peut avec sa main droite imiter et refléter le phrasé de Troilo, comme dans les premières notes de **La tablada**. De sa main gauche (les notes graves), sa légendaire *marcación bordoneada* — attaque d'un accord de basse en roulant à la manière des cordes basses d'une guitare (voir mon livre *Tango Masters : Aníbal Troilo* pour une explication détaillée) — fournit à la pulsation rythmique de l'orchestre une base fluide et élastique qui n'a jamais été égalée.

La contrebasse

Les notes graves de l'orchestre fournissent l'impulsion nécessaire à la marche. Elles sont issues de la main gauche du piano et de la contrebasse, qui doivent travailler ensemble dans l'orchestre : en général, la contrebasse était placée très près du piano. Aujourd'hui, on écoute du tango principalement sur des disques et ces notes ne sont pas aussi fortes que dans la réalité. De plus, la sonorisation des milongas ne reproduit souvent pas très bien ces notes, aussi faut-il faire un effort particulier pour entraîner nos oreilles à les écouter. La majeure partie de la musique pop a une pulsation à la basse ; le tango de l'âge d'or était la musique populaire de l'époque, mais l'une des formes les plus sophistiquées de musique pop que le monde ait jamais connue.

Un danseur attentif à la fois à la pulsation, au rythme et à la mélodie et capable de les séparer dans son oreille, élargit le spectre de la musique qu'il aime et conquiert sa liberté. Dans la musique de tango, la mélodie reçoit souvent un traitement rythmique. Il est alors impossible de les séparer entièrement, pourtant, savoir distinguer la mélodie du rythme est l'une des qualités les plus importantes qui soit.

Autres lectures

Certaines personnes m'ont demandé où j'ai effectué mes recherches pour écrire ce livre. J'ai en réalité fait très peu de recherches spécifiques : ce livre est le fruit d'un travail de nombreuses années pendant lesquelles j'ai voulu en savoir plus sur le tango.

Beaucoup des informations contenues dans ce livre sont disponibles ailleurs, éparpillées sur divers sites web et notes de couverture d'albums. Pour les sites web, je recommande www.todotango.com, le résultat d'un travail spécifique de nombreuses années de la part de Ricardo García Blaya.

Ceux qui voudraient en savoir plus sur l'histoire du tango peuvent étudier *La historia del tango* publié en Argentine par Editorial Corregidor. Elle compte à présent 21 volumes et je les recommande tous sauf les deux derniers qui traitent du tango contemporain. Corregidor a aussi réédité l'utile *Historia de la Orquesta Típica*, par Luis Adolfo Sierra, dont les 34 courts chapitres étaient les notes d'album d'une série de 34 disques 33 tours édités en 1966. Je recommande aussi l'*ABC del tango – biografías de grandes figuras* de José Maria Otero (2011), que je n'avais pas lu lors de l'écriture de ce livre. Tous ces ouvrages, existant seulement en espagnol et publiés en Argentine, sont difficiles à trouver ailleurs.

J'explore en profondeur l'orchestre de Troilo dans mon livre *Tango Masters : Aníbal Troilo* – voir page 246. Au moment où ce livre est écrit, il n'existe pas d'autres livres en langue anglaise qui soient destinés aux danseurs.

Index

Personnages et formations :

Acuña, Carlos : 92
Adrián, Eduardo : 58
Amor, Alberto : 92
Amor, Francisco : 52, 56
Aragón, Prudencio : 116
Arolas, Eduardo : 117, 129, 165, 175
Arrieta, Roberto: 69
Bardi, Agustín : 117
Bermúdez, Carlos : 122
Berón, Raúl : **6**, 91, 148
Bertone, Osvaldo (Bertolín) : 102-103, 105
Biagi, Rodolfo : **9**
Bianco-Bachicha : 60
Bohr, José : 60
Brignolo, Ricardo : 165
Brunswick : 106, 140-142, 169
Brunswick, Orquesta Típica : 104, 171
Bustos, Mario : 184
Cadícamo, Enrique : 73, 96, 192, 199
Caló, Miguel : **6** ; 82, 91, 145, 203
Camerano, Enrique : 30, 202
Campos, Enrique : 81-83
Canaro, Francisco : **5, 27** ; 19-20, 139, 41, 157, 159
Cané, Rubén : 76, 77
Carabelli, Adolfo : 171-172
Carné, Mercedes : 161
Carrasco, Julio : 30
Caruso, Juan Andrés : 214
Castillo, Alberto : 79-81
Centeya, Julián : 77
Chanel, Roberto : 33, 199-200
Charlo : 53, 56-57
Cupo, Armando : 97

D'Agostino, Ángel : 7
Dante, Carlos : **17**
D'Arienzo, Juan : **1, 23, 28** ; 19, 24
De Angelis, Alfredo : **17**
De Caro, Francisco : 31, 117, 165, 166
De Caro, Julio : **20**
Delfino, Enrique : 117, 214
Demare, Lucio : **18** ; 67, 113
de Toledo, Malena : 112
Di Cicco, Minotto : 50
Di Sarli, Carlos : **4, 24**; 66, 130, 161
Donato, Edgardo : **11**
Donato, Osvaldo : 103
Durán, Jorge : 40, 192
Duval, Hugo : 92-93
Echagüe, Alberto : 11, 182
Espósito, Genaro : 129, 175
Expósito, Homero : 66
Falcón, Ada : **27** ; 54
Falgás, Andrés : 90
Famá, Ernesto : **5**
Fanuele, Alfredo : 44
Fasoli, Lidio : 6, 12
Fiorentino, Francisco : **2**; 182, 206
Firpo, Roberto : **14** ; 50-51, 60, 116
Flores, Roberto : **10**
Francini, Enrique : 69
Francini-Pontier : 119
Fresedo, Osvaldo : **16** ; 20, 40, 51
Fugazot, Roberto : 57, 149
Galán, Carlos : 57
García, Tino : 76
Gardel, Carlos : 19, 103, 158, 200, 219
Garza, Roberto : 97-98, 217
Gavio (Gavioli), Romeo : 105

Gobbi, Alfredo : 112, 208
Goñi, Orlando : 21-22, 204
Grané, Héctor : 120
Greco, Vicente : 116, 164, 175
Guido, Juan : 160
Guisado, Roberto: 191
Gutiérrez, Félix : 105
Heredia, Carlos : 92
Herrero, Oscar : 30, 202, 203
Ibáñez, Teófilo : 90
Iriarte, Raúl : 68-69
Irusta, Agustín : 51, 57, 61, 149
Lago, Alberto: 92
Lagos, Horacio : 103, 105
Larroca, Oscar : 146
Laurenz, Pedro : **13** ; 69, 113, 159, 166, 203
Los Provincianos : 172
Lomuto, Francisco : **15** ; 160
Maderna, Osmar : 68-69
Maffia, Pedro : 112, 159, 161, 165-166
Maida, Roberto : **5** ; 19-20
Maizani, Azucena : 96, 104
Maglio, Juan : **22**
Malerba, Ricardo : 67
Manzi, Homero : 56, 203, 207, 208
Marino, Alberto : 206-207
Martel, Julio : **17**
Mauré, Héctor : 182-183
Mederos, Rodolfo : 32
Melingo, Daniel : 60
Mendizábal, Rosendo : 116
Miranda, Juan Carlos : 148
Morales, Lita : 102, 105
Morán, Alberto : 200, 201
Moreno, Armando : **10**
Moresco, Luis : 185
Omar, Jorge : 133-134
Omar, Nelly : 59

Orlando, Emilio : 44
Ortiz, Ciriaco : 112, 172-173
Ortiz, Jorge : 68, 91
Piana, Sebastián : 56, 60
Pelay, Ivo: 60
Petrucelli, Luis : 165-166, 171
Piazzolla, Astor : 102, 115, 118, 119 208-209
Podestá, Alberto : 40, 66, 67, 121-122, 192
Polito, Juan : 9, 12, 182, 219
Pomar, Mario : 193
Pontier, Armando : 69
Ponzio, Ernesto : 116
Portalea, Gerardo : 188, 195
Posadas, Armando : 79, 87
Príncipe Azul : 128
Pugliese, Osvaldo : **3, 25, 29** ; 112
Puglisi, Cayetano : 11, 182
Quintana, Horacio : 148
Quinteto Don Pancho : 51
Quinteto Pirincho : 51
Quiroga, Rosita : 56
Randona : 110
Ray, Roberto : 18-19, 138-139
Riccardi, Luís : 50
Rivero, Edmundo : 207
Rodi, Nestor: 144
Rodríguez, Enrique : **10**
Roldán, Carlos : 58
Rossi, Alcides : 30, 203
Rossi, Aniceto : 203
Rufino, Roberto : 40, 44, 192
Ruggiero, Osvaldo : 30, 203, 222
Ruiz, Floreal : 144
Saavedra, Carlos : 92
Saborido, Enrique : 116
Salamanca, Fulvio : 182, 183
Scorticati, Federico : 176
Serpa, Oscar : 140, 193

Simone, Mercedes : 56, 135
Tanturi, Ricardo : **8**; 203
Thompson, Leopoldo : 50, 129, 166
Troilo, Aníbal : **2, 26** ; 112, 113
Troilo-Grela, Cuarteto : 210
Valdéz, Jorge : 184
Vardaro, Elvino : **12**
Varela, Héctor : 182, 184
Vargas, Ángel : **7**
Verri, Orlando : 169
Victor, Orquesta Típica : **21**
Vidal, Jorge : 200-201
Videla, Roberto : 83
Villoldo, Ángel : 116
Viván, Carlos : 171
Zerrillo, Roberto : 104

Les références de pages en **caractères gras** se réfèrent aux chapitres

Tangos, Valses et Milongas :

A Evaristo Carriego : 203
A fuego lento : 208
A la gran muñeca : 134
A la luz del candil : 92
A los amigos : 202
A media luz : 53, 157
Abandono : 119
Adiós arrabal : 74-75
Adiós pampa mía : 59
Al compás del corazón : 67
Al gran bonete : 60
Alma : 171
Alma de bohemio : 116-117, 122, 130
Amarras : 183
Amor en Budapest (fox-trot) : 98
Angelitos negros : 60
Anoche a los dos : 157
Aquel tapado de armiño : 215
Araca la cana : 139
Argañaraz (Aquellas farras) : 79, 130
Arrabal : 115, 117, 118-119
Así se baila el tango : 79, 80
Aserrín, aserrán : 60
Bahía Blanca : 195
Barra querida : 200
Barrio de tango : 208
Boedo : 202
Buscándote : 140
Café Domínguez : 76, 77, 144
Callecita de ensueño : 127
Caminito : 135
Canaro en París : 30, 179
Carton junao : 183
Caserón de tejas (v) : 121
Catamarca : 39, 168
Charamusca : 56
Che papusa, oí : 175
Color cielo : 183
Comme il faut : 24, 117
Con tu mirar (v) : 57

Congojas que matan (v) : 135
Corazón : 40
Corazón de oro (v) : 56
Corazón encadenado : 217
Cotorrita de la suerte : 207
Cruz diablo : 89
C.T.V. : 22, 171
Cuando llora la milonga : 160, 175
De floreo : 202
De igual a igual : 144
De puro guapo : 49
Derecho viejo : 54, 159, 202
Derrotado : 195
Dímelo al oído : 135
Don Juan : 55, 116, 184
Duelo criollo : 193
El adiós : 105
El amanecer : 130
El choclo : 7, 116
El distinguido ciudadano : 172
El encopao : 203, 206
El entrerriano : 116
El huracán : 100, 104, 105
El internado : 183
El jardín del amor (v) : 57
El llorón : 128
El once : 138, 141
El pollo Ricardo : 39, 41, 209
El púa : 53
El puntazo : 184
El rápido : 130
El romántico : 183
El simpático : 184
El taita (Raza criolla) : 159
El talar : 116
El triunfo de tus ojos (v) : 57
Ella es así (m) : 106
Emancipación : 175, 199
En esta tarde gris : 58
En un rincón del café : 176

En voz baja (v) : 57
Este es el rey : 186
Estrellita mía (v) : 102
Farol : 200
Felicia : 104
Flor de fango : 56
Flor de tango : 202
Florcita criolla (v) : 57
Flores del alma (v) : 121
Flores negras : 117, 166, 168
Fuegos artificiales : 130, 209
Gallo ciego : 117, 199
Gloria : 146
Guapeando : 22
Gusanito : 160
Hotel Victoria : 6, 9, 74, 186
Humillación : 91
Igual que un bandoneón : 149
Igual que una sombra : 203
Indio manso : 195
Inspiración : 208
Ivón : 83
La abandoné y no sabía : 200
La cachila (La cachirla) : 117, 159
La capilla blanca : 192
La carcajada : 129
La chacarera : 90
La cieguita : 200
La cumparsita : 13, 63, 130, 131, 134, 144, 184, 185
La morocha : 54-55, 116
La negrita candombe (m) : 58
La novia del mar : 193
La trampera (m) : 209
La vida es una milonga: 121
La yumba : 29, 31, 117, 221-222
La zandunga (v) : 57
Lágrimas y sonrisas : 9
Lejos de ti (v) : 90
Lirio blanco (v) : 57
Lo que vieron tus ojos (v) : 135

Loca : 184
Malandraca : 31
Malena : 148, 149, 206
Mano a mano : 58, 133
Mañana iré temprano : 70
Marioneta : 144
Más grande que nunca : 184
Más solo que nunca : 122
Mascarita (v) : 121
Mendocina (v) : 102, 103
Mi dolor : 169
Milonga sentimental (m) : 56, 60
Milongueando en el '40 : 23
Milonguero viejo : 190
Motivo sentimental: 97
Muchachos comienza la ronda : 33
N. N. : 30
Nada más : 9, 216
Necesito olvidar : 58
Negracha : 31-32, 202
No aflojés : 77
No hay tierra como la mía (m) : 135
No me extraña : 121
No mientas : 216
Nochero soy : 199
Noches correntinas (v) : 102
Nostalgias : 134, 135
Nueve de julio (9 de julio) : 7, 9, 10, 186
Nunca más : 134
Nunca tuvo novio : 121
Oigo tu voz : 83
Ojos muertos : 139
Ojos negros : 116, 209
Orillas del Plata (v) : 7, 175
Orlando Goñi : 208
Pájaro ciego : 22
Palomita blanca (v) : 209
Parque Patricios (m) : 135
Pasional : 201
Pavadita : 146

Pensalo bien : 9
Percal : 68
Pilcha bruja : 60
Plegaria : 140
Pobre negrito (Flor de Montserrat) (m) : 92
Poema : 49, 50
Por la huella (m) : 92
Pregonera : 145
Qué falta que me hacés : 69
Que no sepan las estrellas : 192
Qué tiempo aquel (m) : 135
Que vachaché : 171
Racing Club : 89-90, 92
Rawson : 7, 9
Recién : 203
Recuerdo : 30, 117
Responso : 208
Rodríguez Peña : 171
Romance de barrio (v) : 208
Ronda del querer (v) : 57
Saca chispas (m) : 168
Salud, dinero y amor (v) : 57, 96
Sans souci : 117
Sentimiento gaucho : 214
Serenata maleva (v) : 57
Shusheta (El aristócrata) : 39
Si soy así : 134
Si tú quisieras : 68, 69
Siempre te amaré (v) : 57
Si yo fuera millonario : 56
Silueta porteña (m) : 11
Sin palabras : 200
Sinfonia de arrabal : 105
Solamente... ella : 148
Soledad (v) : 173
Son cosas del bandoneón : 96
Soñar y nada más (v) : 145
Sorpresa de novia (v) : 168

Soy un arlequín : 146
Sueño con el : 215
Sur : 207, 208
Taba calzada : 168
Tal vez sera su voz : 148
Tango Argentino : 97
Tangón : 60
Tanguango : 209
Te aconsejo que me olvides : 134, 160
Tengo mil novias (v) : 96-97
Tierra querida : 201
Tierrita : 100
Tigre viejo : 112, 119
Toda mi vida : 21
Todo te nombra : 91
Tormenta : 49, 52, 193
Triqui-tra : 105
Triunfal : 208
Tucumán : 184
Tutankhamon : 60
Una emoción : 83
Una fija : 195
Uno : 183
Un pobre borracho : 161
Va llegando gente al baile : 146
Ventanita del arrabal : 200
Verdemar : 192
Vida mía : 139
Vieja calesita : 172
Viviani : 130
Viviré con tu recuerdo : 217
Vos también tenés tu historia : 215
Ya sale el tren : 64
Ya viene el invierno (v) : 57
Yapeyú : 184
Yo no se que me han hecho tus ojos (v) : 215
Zorro gris : 135

Note : Les discographies ne sont pas indexées

Glossaire

arrastre : à l'origine un effet du bandonéon, consistant à marquer la note au clavier avant de commencer à ouvrir les soufflets, accélérer vers le temps fort et stopper soudain avec un léger rebond. Cet effet est reproduit sur d'autres instruments.

bandoneón (fr. bandonéon): le type d'accordéon bi-sonique à la tonalité grave, d'origine allemande et qui donne à la musique de tango sa sonorité caractéristique.

bandoneonista : joueur de **bandoneón**.

cadencia : balancement ou cadence, un terme musical qui n'est pas propre au tango.

candombe : la danse principale et la musique des communautés noires en Argentine et particulièrement en Uruguay. Traditionnellement, la musique était jouée avec des tambours et le style a des racines africaines évidentes.

canta (pluriel **cantan**) : littéralement, chante. La façon argentine de dire « chanté par ».

cantor de orquesta : chanteur d'orchestre – le nom donné dans un orchestre de danse au chanteur qui interprète tout le texte, par opposition avec un *estribillista*. Il (c'est toujours un homme) est associé aux années 1940.

canyengue : un mot intraduisible ! Parfois comme « duende » en espagnol, ou « swing » en jazz. En premier lieu, cela veut dire : comme dans la rue ou populaire ; fait avec inspiration. Ensuite, ce terme se réfère à un style de danse de tango très ancien, datant de la première décennie du XXème siècle, penché en avant avec les genoux courbés, dans un abrazo en V et tenant les mains basses sur la taille. Troisièmement, il s'agit d'un rythme, une espèce de syncope. Et pour finir, en tango, il se réfère aussi à une façon de faire claquer les cordes de la contrebasse.

chicharra : le fait de jouer sur les enveloppes des cordes du violon de manière à obtenir un son percussif et grinçant.

compás : le tempo musical ou pulsation, souvent comparé au battement du cœur. Différent du rythme, qui peut être plus complexe.

estribillista : chanteur de l'*estribillo (q.v.)* ou chanteur du refrain pour simplifier !

estribillo : le refrain.

glosa : un poème lyrique écrit pour être déclamé sur la musique du tango. Très peu ont été enregistrés ; l'exemple le plus connu est **Café Dominguez** de D'Agostino.

glosador : celui qui récite la *glosa*.

guardia vieja : la vieille garde – les pionniers, qui jouaient le tango à l'ancienne manière.

látigo *(musique)* : littéralement, un fouet ; la façon argentine de désigner le *glissando* (glissement) sur le violon.

legato *(musique)* : lié, avec des notes adjacentes connectées entre elles.

lunfardo : l'argot *porteño (q.v.)* qui contient beaucoup de mots de dialectes européens.

marcato : « marqué », un terme musical qui signifie accentué – en principe avec une attaque franche et qui s'éteint ensuite.

milonga : à l'origine, la *milonga campera (q.v.)* et aussi l'endroit où l'on allait danser. Ce n'est que plus tard que ce terme a désigné un style de danse distinct. Aujourd'hui l'on parle de **milonga lisa**, littéralement milonga lisse, pour la distinguer de la **milonga con traspié**, plus rustique. Plus simplement, la *milonga lisa* n'est pas syncopée.

milonga campera : une musique folklorique de l'Argentine, dotée d'un rythme proche de la habanera cubaine. La *milonga campera* n'était jamais dansée mais fut un ingrédient important du tango des origines.

milonguero/milonguero : un homme (milonguero) ou une femme (milonguera) dont la vie est organisée autour des sorties en milonga ; quelqu'un qui a le tango *en las venas* – dans le sang.

obbligato *(musique)* : une variation ou contre-mélodie qui est si essentielle à la musique qu'on est obligé de la jouer.

porteño : un habitant du port, c'est-à-dire de Buenos Aires. Forme féminine : *porteña*.

ritmo : le rythme – important, mais il n'est rien sans le *compás (q.v.)*.

rubato *(musique)* : signifie changer librement le tempo de la musique, sans régularité parfaite – beaucoup utilisé par Pugliese et aussi par Troilo à partir des années 1950.

salón : un salon de danse.

staccato *(musique)* : haché, composé de notes courtes séparées par un intervalle.

tango-canción : un tango fait pour être chanté plutôt que dansé.

tango-milonga : à l'origine, ce terme signifiait simplement un tango pour danser, par opposition au *tango-canción*. Il était utilisé à une époque – les années 1910 et 1920 – où la musique de tango était relativement peu élaborée et le rythme proche de celui de la milonga primitive. Ce terme fait maintenant référence aux tangos qui ont l'esprit de cette époque.

tango de salón : pas véritablement un style de danse mais simplement le tango que l'on danse dans un salon plutôt que dans la rue (ou sur la scène).

traspié : beaucoup de gens utilisent aujourd'hui ce terme pour désigner le double temps de la milonga, mais ce n'est pas cela qu'il signifie. Traspié veut littéralement dire traspied, par-dessus le pied, c'est-à-dire trébucher. Le terme fait référence à une façon particulière d'utiliser le double temps syncopé de la milonga pour un changement de direction.

vals : le mot espagnol pour valse. Parmi les passionnés de tango, c'est un raccourci pour tango-vals, le style de valse que l'on joue dans les salons de Buenos Aires.

variación (*musique*) : une variation, jouée habituellement au point culminant du morceau comme une cadence en musique classique. C'est une opportunité pour un interprète virtuose de l'un des instruments, souvent le bandonéon.

Du même auteur en anglais

Tango Masters : Aníbal Troilo

Aníbal Troilo (1914–1975) jouait du bandonéon avec une telle intensité émotionnelle qu'il était révéré comme l'interprète le plus expressif de cet instrument. En 1937, il forme son propre orchestre qui devient rapidement l'un des plus grands de l'âge d'or du tango. Les traits distinctifs de cet orchestre sont une sonorité vibrante, sa capacité à interpréter un texte chanté et les nuances de couleur dans sa musique, que Troilo et ses musiciens n'ont eu de cesse d'explorer dans les années 1940 en allant toujours plus loin.

Dans ce livre, le premier d'une série appelée Tango Masters, Michael Lavocah explique la musique de Troilo au public de danseurs modernes. Il présente les musiciens de l'orchestre, nous aide à les entendre au sein de l'orchestre, puis nous embarque avec lui à la découverte des enregistrements de tango à danser, prêtant une attention particulière à la relation entre musique et partie chantée – un point clé de la compréhension de cet orchestre. Incluant une discographie inestimable, « Tango Masters : Aníbal Troilo » permet au lecteur de suivre le parcours de Troilo alors que sa musique gagne en raffinement, apprenant ainsi à écouter, donc à ressentir et aussi à danser avec une meilleure compréhension et plus de profondeur.

ISBN : 978-0-9573276-5-8
Paru le 11 Juillet 2014
Langue : anglais

A propos de l'auteur

photo : Richard Johnstone-Bryden

Dès sa première rencontre avec le tango, Michael Lavocah a été captivé par cette musique. De nombreuses années d'étude de cet art comme danseur, enseignant, DJ et collectionneur lui ont apporté une connaissance approfondie de cet héritage musical unique.

Conteur de nature, Michael est toujours prêt à partager son expertise de la musique avec quiconque souhaite l'écouter. Ceci l'a conduit à donner des conférences très appréciées sur la musique de tango et pour finir à écrire ce livre.

Michael est responsable du site de musique de tango milonga.co.uk, il enseigne le tango et se produit comme DJ au niveau international. Son enseignement insiste sur la musicalité et la conscience du corps, aussi bien que sur la technique. Il pratique depuis longtemps le Tai Chi et les arts Taoïstes. Il vit à Norwich, en Angleterre.